CARLOS MONSIVÁIS

NUEVO CATECISMO
PARA INDIOS REMISOS

CARLOS MONSIVÁIS

NUEVO CATECISMO
PARA
INDIOS REMISOS

CON QUINCE LÁMINAS DE
FRANCISCO TOLEDO

EDICIONES ERA

Edición original: 1982, Siglo XXI Editores
Primera edición ilustrada (y revisada): 1996
ISBN: 968-411-396-X
DR © 1996, Ediciones Era, S. A. de C. V.
Calle del Trabajo 31, 14269 México, D. F.
Impreso y hecho en México
Printed and made in Mexico

Querido Julio:

¿Cómo le haces para trabajar tanto?

Tu multilector y amigo
Carlos Monsiváis

Diciembre 96

Parábola de la virgen provinciana
y la virgen cosmopolita

⁜

Una virgen

provinciana viajó a la gran ciudad a despedirse de su proveedor anual de obras pías que creía tener una leve enfermedad. Mientras lo buscaba, una virgen cosmopolita se desconcertó ante su aspecto conventual y misericordioso. "¿Tú qué sabes hacer?", le preguntó con arrogancia. Tímida, la provinciana contestó: "Nunca tengo malos pensamientos, y sé hacer el bien, y me gusta consolar enfermos y..." La cosmopolita la miró de arriba abajo: "¿Y en cuántos idiomas te comunicas con los ángeles?" Reinó un silencio consternado. Animada por el éxito, prosiguió la feroz inquisidora: "¿Puedes resumirme tu idea del pecado en un aforismo brillante?" Tampoco hubo respuesta. Exaltada, segura de su mundano conocimiento de lo divino, gritó la virgen cosmopolita: "¡Que me parta un rayo si ésta no es la criatura más dejada de la mano de Dios que he conocido!" Se oyó un estruendo demoledor y a su término la virgen cosmopolita yacía en el suelo, partida literal y exactamente en seis porciones. Con un rezo entre dientes, la virgen provinciana se despidió con amabilidad de los restos simétricos, prometiéndose nunca desafiar, ni por broma, a cielo alguno.

El indígena

respondió con aspereza: —No, señor cura, de ninguna manera. A mí su Catecismo no me gusta.

El párroco pensó en llamar de inmediato al Tribunal del Santo Oficio, pero ese día estaba de buen humor y esperó.

—El Catecismo no está para gusto o disgusto de indios bárbaros y necios, sino para enseñar los mandamientos y preceptos sagrados.

—Pero no así, señor cura, no con esa rutina de preguntas y respuestas, que hace creer que en el cielo nos ven a los indios más tontos de lo que somos. Parece una ronda de niñitos: "¿Quién hizo los cielos y la tierra?" Y se responde a coro: "Los hizo Dios". ¿No será mucho mejor a la inversa? Dice usted: "Fue Dios", y contestamos: "¿Quién hizo a los indios, a los cielos, a los peces, a los conejos?"

—Dios no está para que le reconstruyan su doctrina, ni a Él se le venera de adelante para atrás.

No hubo modo. El indígena persistió en su capricho, el párroco llamó a quien debía, el hereje se evaporó en las mazmorras y como nadie se atrevió a preguntar por él, nadie lo acompañó en su desdicha. Pero el sacerdote quedó perturbado y, ya solo, murmuraba: "Es la carencia de todo". Y lanzaba la pregunta correspondiente: "¿Qué es la nada?" Volvía a afirmar: "Es carencia de todo en el sentido de materiales sobre los cuales trabajar, no en el de carencia de poder", y se inquiría: "¿Y cómo puede salir algo, así sea la nada, de esa carencia?" Y se pasaba días y noches estudiando el Catecismo al revés.

Otro párroco que lo escuchó se inquietó demasiado, convencido de hallarse ante un juego muy impío. Como además ese curato era muy próspero, convocó a las autoridades correspondientes y, desaparecido el cura enrevesado, se fue a vivir en su lugar.

Por lo menos, allí se enseñó el Catecismo como es debido.

El marqués

de Perera vio la Aparición y se arrodilló.

¡Cuán bella! Parecía tan viva, como iluminada a mano, así de prístina. Ya de hinojos, los destellos en su conciencia le insistieron en lo absurdo de vinos y francachelas, saraos y hembras de la disolución. Sintió el fuego en sus huesos y decidió abandonarlo todo, su dinero, su prestigio y el aprovechamiento de su apostura, para sustentar el resto de sus días en rezos, pobreza voluntaria, contemplación de las razones que tiene un místico para considerar al mundo espejo aborrecible.

Sin hacer alarde, se dispuso a una nueva madurez, regaló en secreto sus bienes, mudó su nombre a Fray Desprendimiento y partió a los caminos de la Nueva España para reconocer el mundo antes de predicar el amor y la renunciación. Dios lo compensó con larqueza ofreciéndole una sucesión de señales altas, pruebas de que hay más cosas en la tierra y en el cielo de las que admite la credulidad.

Visitó la región donde ya sólo quedaban frailes mendicantes implorándose limosnas unos a otros, dedicados al duelo de escudillas vacías. Allí, los menos hábiles para ablandar el corazón de sus hermanos, morían de inanición.

Vislumbró al heresiarca que hablaba del oprobio de un Dios que construía templos en vez de hospitales, y le oyó apostrofar al Creador: "Seas tú maldito por tu vanidad. Qué necesidad tienes de otro edificio a tu memoria", y vio a un rayo reducirlo a cenizas, y el blasfemo se incorporaba y repetía sus denuestos, y de nuevo el rayo descendía y lo pulverizaba, y otra vez el profanador se levantaba y así hasta que los espectadores se dormían.

Se hospedó en la ciudad donde los seres no eran ni opacos ni transparentes y en donde nadie estaba seguro de la naturaleza de sus sentimientos ni de la índole de los ajenos; todos se causaban dolor y felicidad involuntarios, al nunca anticipar las reacciones ni entender los motivos.

Escuchó al Profeta Tempranero demandarle templanza a la Pecadora Repentina. El primero exhortaba a la castidad y la segunda se regodeaba soñando en las fornicaciones denegadas. Así transcurría su vida: el uno predicaba abstinencia y la otra extraía del sermón los elementos de su vigilia lúbrica.

Padeció al eremita que confundía sus hedores con el olor de santidad, se gloriaba en ello, respiraba conmovido la putrefacción de su cueva y les exigía a los demás hacer lo mismo. Y más de una beata pereció asfixiada fingiendo rostro de éxtasis.

Habló con el Creyente Casi Perfecto que cumplía con todos los mandamientos al revés.

Al cabo de estas experiencias, Fray Desprendimiento creyó oportuno iniciar su cruzada redentora. Pero los pobres no le creyeron, se indignaron ante sus finas maneras, lo llamaron "mediatizador" y cosas peores y no acudieron a sus prédicas. Y los ricos lo odiaron por mezclarse con sus inferiores, por demagogo y solivientador. "Si nada tienen, ¿a qué van a andar renunciando? Exigirles generosidades y dádivas en su condición, es pedirles que transformen la burla en resentimiento."

Y enfurecidos lo mandaban arrojar de las inmediaciones de sus casas.

Fray Desprendimiento habló con Dios: "Tú me hiciste tu siervo, y me has mostrado los linajes ocultos del planeta, pero no me has dado el don de convertir las almas a tu causa. Estoy cansado de ser tan sólo el testimoniador de prodigios". Y por toda respuesta, se disipó el humo del incienso y oyó los cánticos de un coro de nahuales.

Harto de las maravillas que le impedían edificarse en la monotonía, Fray Desprendimiento tiró su sayal, recuperó su nombre y pleiteó con la Iglesia la devolución de sus propiedades.

Las dudas del predicador

Enmienda tú,

arcángel San Miguel, apóstol de las intercesiones sin lisonjas, enmienda tú a estos naturales, y extírpales las influencias perversas y el ánimo de transformar los templos en tianguis indecentes, y borra de ellos las supersticiones, y elimina con ira a sus falsos reyes, sus abominaciones y blasfemias, sus monstruos que paren ancianos a los catorce meses de engendrados, y sus iguanas que hablan con las reliquias como si éstas tuvieran don de lenguas.

Varón inmaculado, santo arcángel, castiga a mis semejantes de origen, los nativos, cortos de manos y restringidos de piernas, quebrantados y confusos. Haz que sepan de tu aborrecimiento y tu justicia. Que sus arroyos se tornen polvo abyecto, sus perros amanezcan desdentados, su falsa mansedumbre se vuelva azufre y sus cánticos sean peces ardientes sobre su miseria. Pasa sobre sus dioses escondidos cordel de destrucción y que en el vientre de las indias mudas aniden humo y asolamiento.

Porque, enviado con alas, este tu siervo ha continuado entre nativos por demasiados años, exhortando a quienes no quieren distinguir ya entre la verdadera religión y las idolatrías nauseabundas, entre el pecado y el respeto a la Ley. Y tu siervo ya está harto, bienaventurado, de oírlos en las noches repetir sus plegarias con estruendo tal que enloquece a este cerro y a sus moradores. A veces la cercanía de los ritos monstruosos resulta contagiosa, y tu siervo cree perder la razón y amanece, febril y demolido, como si horas antes no hubiese rezado sin cesar.

Castígalos, Miguel, y devuélveme mi recto entendimiento, para que ya no sufra, y resista a pie firme y mente inmaculada los tenebrosos cultos de las madrigueras y nunca más, en accesos de confusión y desquiciamiento, abjure de Tonantzin... sí, de Tonantzin, Nuestra Madre, a la que en vano detestan los hombres barbados que con espada y fuego impusieron sus dioses en nuestros altares, creyendo, pobres tontos, que la abandonaremos algún día, a ella, nuestro amparo, nuestra fortaleza en la aflicción, el pronto auxilio que nos permite resistir a la conquista y a su fe incomprensible.

La fábula que estuvo a punto de sorprender a Dios

La fábula estaba en blanco y estaba desconcertada. A punto de ser escrita, se dio cuenta de que carecía de un tema que le procurase el respeto ajeno y la dignificase sempiternamente. Ya eran demasiadas las narraciones bobaliconas para arrullar niños, y demasiados los cuentitos ingeniosos que le endilgaban a los animales las ineptitudes humanas. Hacían falta apólogos secos, enconados, sin moralejas dulcificadoras. Se requería un texto que al sorprender desagradablemente al mismísimo Dios, fuese memorable por motivos inesperados.

No, ella no sería una fábula más. Estudió con detalle las tramas a su disposición y una le interesó sobremanera: las razones de la Divinidad para mantener su último nombre en secreto. Forcejeó con la esencia, pero terminó por rehusarse a la especulación metafísica. "Deslumbrará a los demás pero Él y yo nos aburriremos." Desistió también de los elogios al demonio: "Es demasiado fácil. Sería otra balandronada". A la mitad de una apología del pecado se fastidió: "Cualquier causa ilícita que necesite de encomios, no vale la pena".

La cacería de argumentos insólitos le persuadió de su error inicial. En su inconmensurable presciencia, Él ya sabe todo lo que es y será, y está al tanto incluso de los avisos clasificados. Al meditar lo anterior, consideró innecesaria su presencia en el mundo. Pero lo repensó. "Si el deseo de ser es suficiente causa de existencia, debo continuar." Finalmente, eligió para sí una anécdota convencional, donde el león y el cordero se reconciliaban, y la moraleja rezumaba gratitud por las bondades del Altísimo. "Así podré venderles malicia. Tras la aparente inocencia, vendrá el aguijón." Pero la emoción genuina ante su nueva resonancia le fue ganando y la fábula terminó por ser tan sincera que las madres la enseñaron durante generaciones y, siglo tras siglo, los niños la recitaron en el instante de dormir, ignorantes de que, en sus orígenes, ese cuento de acción de gracias estuvo a punto de causarle una molestia al mismísimo Creador.

De los malos consejos de la santa ira

✛

Adviértase

lo primero, que San Andrés Avelino curaba sin inquirir, y sanaba en seguimiento de su misericordia, y yendo a su encuentro los enfermos de apoplejía avivaban el paso, a horas y deshoras. Y su amor inefable resplandecía y rescataba seres de la sombra de muerte, y los recién nacidos lo miraban con intuición resplandeciente de afecto. Y San Andrés Avelino ignoraba la impaciencia y la ira.

Y fue su fama tanta que otro santo, cuyo nombre borra de mi memoria mi fe en que Dios le habrá reprendido, envidioso del celo y de la gratitud de tanto enfermo, dio por transmitirle a San Andrés Avelino impiedades y plagas, y un día lo asimiló una ballena, y otro día lo bañó un elefante, y al tercero tortugas y peces derramaron inmundicias en su regazo. Afligióse San Andrés, pero guardó silencio y prefirió sonreír al santo inicuo. Eso hizo hasta que la Corte Celestial lo reprendió porque los tiempos habían cambiado y el pacifismo a ultranza era calificado de apoyo hipócrita a la opresión. Al Santo Misericordioso se le echó en cara la blandenguería y la ausencia de ira justiciera y, por lo mismo, se le retiró el don de curar a los del mal de apoplejía. Secóse su prestigio y apagáronse las voces de su grandeza.

Al verse en declive, San Andrés conoció por fin el odio, la ya entonces sagrada pérdida del dominio de sí. Con aullidos y espumarajos ensayó su nueva voluntad seráfica. Mas los enfermos no regresaron y el mediador, antes tan requerido, se sintió afortunado de interceder de vez en cuando —lleno de rabia— por viudas que pedían mayor prontitud en el pago de sus pensiones.

El milagro olvidado

✤

Hubo una vez, en el espacio de reserva de las dádivas de Dios, un Milagro obstinado y servicial con muchas ganas de ser tomado en cuenta y de causar conmoción y aparecer en las hagiografías. En las horas muertas de la gracia divina que aún no se ejerce, a este Milagro le fascinaba soñarse adorado y recordado por multitudes, se embelesaba ante los exvotos a que daría origen, y, ansioso de peregrinos, se preparaba concienzudamente, y mañana y tarde ensayaba destellos y resplandores, la suavidad con que aterrizaría o se elevaría ante la mirada estupefacta de los fieles, y el desdén ante los elogios superficiales, porque (la vista inclinada y el corazón humilde), no era en modo alguno un Milagro advenedizo o vanidoso, sino un fiel enviado de otras potestades, un sencillo aunque perfecto regalo del Altísimo.

Pasaban las centurias, y el Milagro seguía sin oportunidades, sin incorporarse a las mitologías terrestres, y ya un tanto desesperado cuando veía a sus congéneres de vocación menor o frívola hacerse de los grandes momentos. "No es por celos", murmuraba, "pero a ese Milagro al que le permitieron redimir a todo un continente, es muy superficial." Y entre resentimientos y escenas melodramáticas, el Milagro imploró tanto que se le comisionó para salvar a unos viajeros atrapados sin remedio en lo inaudito: una avalancha de nieve en pleno trópico.

"¡He aquí mi debut espectacular!", se dijo, y abandonó el nicho de los proyectos, se materializó y resplandeció y los viajeros evadieron la muerte entre voces de pasmo.

Pero la avalancha de nieve en el trópico fue novedad tan estrepi-
tosa que todos le atribuyeron el Milagro a un reacomodo
atmosférico, los beneficiados lo convirtieron en broma, y
el Milagro, ciertamente maravilloso, perdió la
oportunidad de su vida y al no ser comenta-
do jamás no ingresó a santoral alguno.

La herejía que se hacía pasar por Santa Doctrina

El secretario

del Cardenal permaneció callado. En el palacio no tenía derecho al habla ni, si muy audible, a la respiración. Era nadie, un resquicio de ínfimos menesteres, un sirviente. En la oscuridad, escuchó a su patrón definir las fechorías cismáticas más peligrosas. "Son las que se confunden con la ortodoxia. Ahí está el peligro. No las negaciones descaradas de la Trinidad o las adoraciones de sapos y rocas, sino los actos que se emboscan en la contigüidad de la Doctrina." Y acto seguido la risa del Cardenal se extendió cubriendo las paredes y los retratos de clérigos ilustres y los crucifijos y las baldosas.

Al secretario le entusiasmaban los soliloquios del Cardenal, hombre de teatro y polemista de alcurnia. Aplaudió casi sin darse cuenta, y su jefe, alterado, interrumpió el monólogo:

—¡Qué bueno hallaros, querido Padre! Lo que vuestro oído captó desde la sombra es parte de una reflexión más amplia para mi sermón de Catedral, y tiene que ver con una encomienda pontificia. Se me solicitó la hechura de un Gran Catecismo para las masas, que desplazara a los anteriores, nunca lo suficientemente punitivos y nutridos en la verdad. Y voy a pediros ayuda técnica.

Desde ese día, y durante la siguiente década, el Cardenal se dejó abrumar por el examen cuantitativo y cualitativo de textos canónicos, escribió hasta el alba, domesticó cualquier impaciencia. Sus oraciones mismas tomaron la forma de revisión de pruebas de imprenta. A su lado, el secretario certificaba la pulcritud doctrinal. Llegó el Nihil Obstat, acompañado de un juicio unánime: nunca antes había alegrado la tierra un Catecismo tan purificador. El resultado fue previsible: el libro se divulgó más allá de lo esperado, incluso en regiones de infieles, incluso en las soledades donde nadie habita.

✥

En su lecho de muerte, el Cardenal sonrió al ver al secretario:

—Padre, habéis sido mi asistente más leal y en pago de servicios os revelaré la acción más notable de mi vida. He de morir muy pronto y necesito testigos de mi hazaña. Estáis al tanto de la historia. En consideración a mis méritos, se me solicitó un libro que hiciera época teológica, y a ello me consagré por entero. Pero en el camino, rencorosos, volvieron a mí los escrúpulos filosóficos que alcanzaron de pronto el nivel de certidumbre agnóstica. ¿De veras yo creía en lo que predicaba? ¿Cómo no reír en lo íntimo ante tanta falacia? Y a modo de regalo a las generaciones que aún no nacen ni, por tanto, se confiesan, me propuse una herejía formidable que no se pudiese distinguir o sospechar, y que envenenase como letargo o letanía el corazón de los creyentes. ¡Ah, mi querido ayudante, qué divertidos estos años! Noche tras noche copié con malicia las enseñanzas supremas, discurrí y rectifiqué palabras, líneas, giros piadosos, puliendo mi maniobra hasta la incandescencia. Y cada mañana, al entregaros los manuscritos y atender los elogios maravillados en torno al material del día anterior, me permití el alborozo del que anticipa el rencor de un mundo que se descubre engañado. Tuve suerte, nadie adivinó mi escepticismo obsesivo, e incluso muchos sólo aguardan mi muerte para iniciar mi beatificación. Tengo entendido que encabezaréis una de esas demandas respetuosas.

—Así es, Su Eminencia.

—Perdonad que me ría, tanta insensatez iluminada…

Y el Cardenal se extendió en la descripción de su aventura, y le refirió paso a paso su proyecto de una guía de trampas sacramentales, que nada más advirtiesen los que nunca en su fuero íntimo aceptan los enredijos de la Exégesis. Y al concluir el relato de su malévola odisea, el Cardenal suspiró reiteradamente mientras soltaba la única queja: lástima que su hora de triunfo coincidiese con su agonía. Sin embargo, prosiguió, cedía a la jactancia tan propia de mortales, y por eso le entregaba al secretario un texto dirigido a la Jerarquía, donde informaba de su intento, y se permitía retar a los teólogos más avanzados para que documentasen, si podían, las falacias de su Catecismo.

Y, deslumbrado ante su alevosía teórica, expiró. La Jerarquía llamó de inmediato a los teólogos afamados que los cinco años siguientes se enfrascaron en disputas a fin de cuentas promocionales. Mientras tanto, el Catecismo circuló profusamente y estableció su condición de clásico entre los clásicos. Con sigilo digno de causa menos avergonzada, una Comisión apta en la cálida hermenéutica sucedió a la primera y gastó también hectáreas de bosques en su cacería del agravio inconmensurable. Y las averiguaciones se alargaron, convencida la Jerarquía por el expediente del difunto, de que éste dijo verdad y de que la ponzoña anidaba en donde sólo debía reinar la devoción. Al instalarse la decimosexta Comisión cundió la duda. El Maligno era astuto, a resguardo de legajos y contrapruebas, y el más afligido por tal omnipotencia era el secretario, ansioso de frustrar el nefando proyecto de su jefe, y de alertar a los millones de fanáticos del Catecismo. Y en su honor debe señalarse que lo intentó todo, revisó el manuscrito ayudado por conocidos herejes que así creían salvar la vida, tachó cada tercera o cuarta palabra para ubicar el mensaje de burla, le puso sitio a los conceptos, aprendió criptografía, descifró —por vía de entrenamiento— todas las estelas mayas, examinó las inscripciones esotéricas en las catedrales y develó su misterio: eran recados amorosos, nada más eso. Al tanto de las astucias infinitas del diablo, se entregó a los muestreos epifánicos y, digamos, torturó expresiones de aspecto inocente ("Dios se muestra gracioso con quien quiere porque es libre" o "Si Dios obrase por el dinero, sería un indigente"), para probar que si se las decía velozmente, del revés al derecho, resultaban invocaciones a Belcebú. Y localizó en esta jerigonza elogios a la cópula múltiple entre africanos, pero nada más. Y se desesperó: "Estoy seguro de que por aquí anda la clave. Pronto sabré qué partes del Catecismo no fueron escritas con luz hermosa". Pero el análisis textual, y el espiritual, y el conceptual, no le hicieron vislumbrar falsificación alguna.

La Jerarquía, al medir las consecuencias y prever los daños del escándalo en época de crisis de las instituciones, no dio aviso de la operación satánica y prefirió ratificar con edictos la sacra confiabilidad del Catecismo. Y el secretario, convertido en el mayor experto mundial en desciframiento de códigos secretos, no tuvo dificultades de empleo. Un gobierno extranjero lo contrató, y le centuplicó el sueldo al ver que sus decodificaciones de las misivas del enemigo le ayudaban a ganar batalla tras batalla, convirtiéndolo en la primera potencia mundial.

Agazapada en el Catecismo, la Doctrina falsa,
tan asombrosamente semejante a la original,
siguió infiltrándose en los corazones y
originó la ola de impiedad que
hoy nos devora.

En la punta de un alfiler

❖

"¿**C**uántos ángeles caben en la punta de un alfiler?" El escultor Bernardo, absorto en el enigma ancestral, decidió tramitar por su cuenta la respuesta. Compró un alfiler perfecto y se dispuso al ejercicio miniatural. "Si consigo tallar un solo ángel, me consideraré afortunado."

Ante su mirada sorprendida, cupieron el primero y el segundo y el tercero y, sin crecer de tamaño, el alfiler amplió su ámbito conteniendo sin esfuerzo a más y más ángeles. Para extender su proposición, Bernardo requirió ayuda de otros artistas, que organizaron turnos para esculpir ángeles, infatigablemente, veinticuatro horas diarias. Parecía la punta del alfiler el espacio más creativo del universo.

Bernardo se apiadó de Bizancio, víctima en sus últimos días de la mayor trampa de la metafísica. ¡Cómo no entendieron, en medio de los rigores del sitio, entre las llamas y el aullido de la soldadesca enemiga, la falacia de una pregunta cuantitativa! En un alfiler podían darse cita todos los ángeles y —para ser exactos— pertenecía a la naturaleza de ese objeto su cualidad de albergue inconmensurable.

Ante la maravilla del alfiler hospitalario, los religiosos se alborozaron y los científicos se conmovieron. ¿Cómo se prodigan las criaturas de Lo Alto en espacio tan reducido? Unos argumentaron: "Pero son ángeles tallados, no ángeles verdaderos". Otros razonaron: "Tal capacidad de alojamiento sólo se explica si son efectivamente ángeles". Y hubo quien terció: "Sea o no capricho de Dios, y sean auténticos o esculpidos, lo notable es la voluntad de contención de un alfiler. Esto es asunto del más alto interés humano. El alfiler es lo importante. Los ángeles son extras".

Los demógrafos acudieron en masa (con sus respectivos ayudantes) al cuarto de Bernardo y en ese pequeño sitio decenas de miles se sintieron a gusto derivando conclusiones útiles para el hipotético caso de un exceso de población en el mundo. Bernardo fue categórico: "No importa cuántos lleguen. En donde haya un alfiler que admita o pueda admitir a todos los ángeles, habrá un sitio contiguo que reciba a todos los espectadores". En breve, según cálculos sagaces, se igualó el número de ángeles y demógrafos.

El fenómeno que rodeaba al fenómeno resultó noticia de nuevo. Miles de periodistas y de fotógrafos se abalanzaron al edificio e hicieron guardia en el deprimido vestíbulo frente a la habitación de Bernardo. Previsiblemente, hubo lugar.

Y llegaron los estudiosos de comunicación a ver a los periodistas que entrevistaban y fotografiaban a los demógrafos que analizaban el proceso que comprimía tal diluvio de ángeles en la punta de un alfiler. Y también ellos se esparcieron a sus anchas.

Bernardo entendió, como entre relámpagos, lo que los santos, los declamadores y los vendedores de imágenes religiosas conocen por razón de su oficio: cada metáfora es un hecho infinito, el espacio final de la realidad.

La verdadera tentación

¡P ermíteme,

oh Señor, que enfrente a las Verdaderas
Tentaciones! Soy tu siervo, divulgador de tu doctri-
na, vasallo de tus profecías, sujeto del error y el escarmiento, y quiero acrisolarme ante tus ojos honrando tu hermosura. Concédeme mi
ruego y ponme a prueba, pero con ofrecimientos que sean cual duro
yugo. Si te insisto, Señor, es porque más de tres veces·se me ha tenta-
do en vano, y me acongojan mis negativas instantáneas. El Maligno
me desafía y acecha ignorando mis debilidades genuinas. Me seduce
con mujeres frenéticas, a mí que soy misógino; me provoca con viajes
a países fantásticos, a mí, tan sedentario; extiende a mis pies los rei-
nos del mundo y sus encantos cuando sólo apetezco la penumbra. Y
por si algo faltara, me declara: "Todo esto será tuyo, si postrado me
adoras", ¡y me lo dicen a mí, tan anarquista!
    Restablece los derechos de tu hijo, Señor, oblígalos a imagi-
nar tentaciones que lo sean de modo inobjetable, que
deveras inciten mi deseo, que me hagan olvidar
cuán fácil es mantener la virtud si nadie nos
asedia como es debido.

Quien no odie a los símbolos sólo conocerá
la fe por aproximación

N adie

detestaba tanto la nueva religión como el hechicero indígena de Tlapana. "Es una farsa", decía entre dientes, "impuesta aquí y en todas partes, por la espada. Estoy seguro de que sólo condiciones brutales habitúan a la gente a soportar esas tonterías. Ésa es la receta: la fuerza le da sentido a la vaguedad. Y así tiene que ser. Una religión cuyos dioses se esperan a morir para triunfar, debe apoyarse en las divagaciones. Basta oír y ver una de sus misas para enterarse de que por incapacidad de explicar, todo lo fían a la representación, símbolos, puros símbolos. Por lo menos, nosotros disponemos de dioses belicosos cuyo poder se inicia desde su aspecto. Para mí, una cruz es la combinación de dos maderos, y virgen es la mujer que no ha conocido varón. Sólo hay que confiar en lo visible."

Sus amigos, también agazapados en la cueva donde veneraban ídolos antiguos, le replicaron: "Eso dices porque eres incapaz de construir símbolos por tu cuenta".

Afrentado, el hechicero procedió a demostrar que sus tesis eran independientes de su habilidad.

Convirtió una piedra en serpiente.

La serpiente se tornó ocelotl.

El ocelotl cambióse a pantera.

La pantera mudóse en halcón.

El halcón devino tortuga.

La tortuga amaneció águila.

El águila se detuvo, fatigada de la ronda de metamorfosis.

Los compañeros del hechicero se irritaron: "Crear
símbolos es muy fácil. Lo que es arduo es hallarles
una interpretación convincente y duradera".

El hechicero se lamentó del tiempo que perdía la
humanidad construyendo alegorías que luego daba
tanta flojera descifrar (si esto era posible). A continuación, el águila se transformó en un tigre que
devoró a los simbologistas y, al apaciguarse,
se volvió sarape. Rendido, el viejo indígena durmió plácidamente.
Una ventaja de no explicar
los símbolos es la carencia
de remordimientos.

El aprovisionamiento de temas

El aburrimiento.

Fray Ismael no concebía amenaza más intensa ni terror semejante. No conocía de límites en su

afán de exorcizar el tedio: organizaba kermeses y rifas, promovía concursos, inducía a pastorelas, escenificaba misterios y autos sacramentales, hacía concursos de la Blasfemia más original. Lo que fuera, menos someterse a la grisura de las tardes cristalinas, de los atardeceres imantados de melancolía, de las noches empleadas en imaginarse la imaginación y teorizar sobre la reflexión.

Lo que más le aterraba —más que un domingo sedentario en su celda— era vislumbrar el instante en que se agregaría al instante que jamás termina. Qué angustia: la falta de entretenimientos de la Otra Vida, la eternidad a su disposición. ¿Cómo manejar la infinitud de las horas? ¿Cómo sobrevivir al tiempo cuyo único mérito es ser variante del tiempo? No obstante su devoción, Fray Ismael sentía que, por intenso que fuera, el deliquio místico no cubriría esa muralla que comprimía y extendía siglos y segundos. Él estaba seguro: lo grave de la eternidad es que no termina nunca, no hay modo de agotarla. Y empavorecido ante el sopor omnímodo que le aguardaba, el fraile caviló su estrategia.

Para empezar, hizo su composición de circunstancias. En la eternidad no habría sitio para frivolidades y fruslerías. Por eso, no quiso intensificar su habilidad en el ajedrez, donde su talento era menguado. Desechó el ejercicio físico atendiendo a su probable condición de ángel ingrávido. No tenía buena voz y no podría pertenecer a un coro seráfico. Sólo le quedaba el camino de la conversación. Recurriría a aquellos asuntos considerados inagotables, que —en monólogo o en diálogo— lo entretendrían de modo perenne. Los primeros eran previsibles: el Amor, la Muerte, la Juventud, la Vejez, la Presencia de Dios. (Sin ser muy afecto a la teología, Fray Ismael sentía imprescindible el homenaje al Sublime Anfitrión.) Y se fue entrenando en la especulación filosófica, con resultados temibles. Se alejaron de él quienes solían buscarlo por su simpatía y capacidad de diversión, y los superiores de la orden lo supusieron extraviado en sus facultades mentales.

Fray Ismael atesoró cuestiones cada vez más extrañas, que le garantizaban el empleo racional del Minuto Inacabable: discusiones sobre la cientificidad de la metafísica, consideraciones sobre el modo y la esencia, reivindicaciones del sofisma y descréditos de cualquier silogismo. Para no olvidarse, fue anotando cuidadosamente las líneas temáticas. Una duda le afligía: ¿se conserva la retentiva en la Vida Mejor? ¿Todo se borra con la Nueva Vestidura? ¿La condición incorpórea implica el total desprendimiento de los beneficios del recuerdo? Consultó a teólogos eminentes, y unos lo tranquilizaron ("¡Seguro, tu memoria será resplandeciente como la nieve!") y otros lo azuzaron ("¡Ni hablar, la amnesia es el privilegio del cielo sobre el infierno!").

Imposible retroceder. El fraile confió en su método y acumuló ideas, citas oportunas, reflexiones, sugerencias. El más allá no lo sorprendería con la mente en blanco. En pos de ese archivo de conversaciones vivificantes, canceló su vida anterior, suspendió saraos y verbenas, se hizo solemne y aburrido. Y la postrer imagen que de él tuvieron quienes alguna vez lo festejaron, fue la de un anciano enfurecido que enlistaba temas polémicos y los calificaba por su duración: cincuenta años, cien años, mil años, toda la eternidad.

Mi padre

lo contaba día tras día, con las mismas palabras, la misma rabia, el mismo temblor estupefacto. Su existencia (de carcelero en jefe) cambió esa mañana, al huir ante sus ojos la hermosísima bruja, la Mulata de Córdoba.

Durante el relato nuestro deber era el silencio. En todo caso alguna exclamación en el instante en que se ponía de pie y se santiguaba al decir: "¿Cómo iba yo a sospechar el poderío demoniaco de esa mujer?" Luego se aquietaba, maldecía quedamente y con voz muy tenue refería la escena: el calabozo fétido, la hechicera indiferente ante el aviso de su ejecución, y en una pared, el navío dibujado con carbón. Ella preguntaba: "¿Qué le falta a ese navío?" Y mi padre, diez o treinta años después, la recriminaba con idéntica vehemencia: "Desgraciada mujer, si tuvieras temor de Dios, si te arrepintieras de tus pasadas faltas, si quisieras salvar tu alma de las horribles penas del infierno, no estarías aquí. ¡A ese barco únicamente le falta que ande! ¡Es perfecto!" Y era curioso oírle imitar la entonación sarcástica de la Mulata: "Pues si vuestra merced lo quiere, si en ello se empeña, andará, andará y muy lejos". Y con gemidos y gesticulaciones pretendía reconstruir el salto súbito de la mujer a la embarcación que, lenta al principio y después a toda vela, desaparecía por un rincón de la inmunda celda.

Al llegar a este punto del relato, mi padre palidecía, llamaba a gritos a la guardia, escenificaba plegarias, invocaciones, el pasmo de quienes alcanzaron el alejamiento del navío, la incredulidad temerosa del obispo. Y mi madre llegaba con una botella de vino y lo besaba en la frente.

Yo crecí padeciendo su obsesión: capturar a la hechicera, someterla a la justicia terrenal. Desdeñé la sorna de los vecinos, felices de pedirle a mi padre su intercesión ante la Mulata, y le acompañé a la celda vacía donde imaginaba la recaptura. Luego vinieron los días agitados, el recuerdo de su antigua vocación artística, el deseo de oponer una técnica inspirada por Dios a las finuras de la maligna "abogada de imposibles". Y sus exorcismos se iniciaron pintando en el calabozo un hermoso navío saturado de obispos, papas, cruces.

La celda y la prisión le resultaron insuficientes y mi padre exigió las paredes de un convento. Su plan era sencillo: si la Mulata se había fugado en un barco, en otro debía volver, sojuzgada y vencida, ejemplificando la inermidad de los trucos diabólicos ante la sagacidad de Dios. Para halagar a sus aliados, mi padre recreó la historia sagrada, trazó con suma delicadeza ejércitos de santos y de vírgenes, tronos dorados ante cuyo fulgor perecían las hordas del infierno. En aras de su esfuerzo, mejoró su técnica e innovó los métodos del fresco. Y en espera de su vindicación, ni siquiera se fijó cuando aparecieron los primeros discípulos que encomiaban su fuerza creativa, y sólo anhelaban continuar su obra.

Al principio, a mi padre lo fastidiaban demasiado los seguidores y los monjes de todas partes del mundo que llenaban gruesos cuadernos con notas sobre su concepción artística, su vida familiar, sus influencias reconocidas, las fuentes de su inspiración, el Renacimiento Mexicano al que daba lugar. Yo lo conocí bien y sé que no lo estimulaba la admiración ajena, sino el deseo de vengar la afrenta. Pero acabó cediendo al halago, a las frecuentes invitaciones a la Corte, a las presiones de quienes le imploraban retratos de familia o ponían muros a su disposición. Aceptó un número elevado de ayudantes, cobró sumas altísimas, no se opuso a que los obispos se disputasen el honor de bendecir sus trabajos, hizo más terrenal y diversificada su temática, pasó de las huestes seráficas a la historia de España y de la Nueva España. Incluso, con tal de granjearse el afecto de quienes seguían su obra, pintó a grupos indígenas y a mineros. Eso sí, en las grandes paredes por él demandadas, siempre trazó, en algún lado, las frases rituales, los signos cabalísticos que apresarían a la bendecida por Belcebú.

En buena medida, mi padre fue un fracasado. La Mulata de Córdoba escapó sin remedio. Pero en los principales conventos y palacios

quedó constancia de su celo y de su genio. Conoció el desqui-
te de la fama, y en su entierro, presidido por todas las
autoridades, el encargado del elogio fúnebre lo
declaró "Precursor del Arte Público en
nuestras tierras".
Éste fue el origen de la
fortuna familiar.

Qué le queda a un pobre sino volverse profano

✧

"Era nuestra herencia una red de agujeros..." ¡Qué frase tan sabia! Quien la escribió era un experto. Si lo sabré yo, un indio, que mira cancelados los caminos del ascenso en estas tierras que fueron de sus antepasados. Todo se le da a los españoles o, en el orden de las compensaciones menores, a los criollos. Pero yo, hijo de este lugar por generaciones, no puedo ser virrey, ni oidor, ni obispo, ni capellán del ejército, ni confesor, ni nada. No me corresponderán jamás empleos y prebendas.

Sólo me queda un camino, y póstumo: el de la santidad. Y aun esto me es vedado. Ellos, los dadores de canonjías y elevaciones, tienen a orgullo ignorar a fondo la índole de nuestra devoción porque nunca nos ven de cerca. Para ellos un indio es un idólatra que venera falsamente la cruz, o en todo caso alguien que no acumula méritos, no comprende los misterios de la Santa Religión, y ni siquiera sabe bien a bien de apostasías. No. Un indio es la sombra que la mirada no fija, el esclavo sin rostro, la esclava nada más poblada de orificios. Un indio es un *indio*, la piedra que no sube, ni recibe consideraciones.

Ya se lo he dicho a mis compañeros de reverencias ante el altar: a ellos les da igual si invertimos la vida en letanías, si memorizamos los rezos en ese latín que nunca entenderemos, si distinguimos el uso detallado de los símbolos. En el fondo nos siguen calificando de eternos bailadores ante Tonantzin. Allí están los padecimientos estudiados por mí con tanto ahínco: los del venerable Juan Emiliano, que dilapidó su existencia atendiendo desahuciados y consolando a leprosos y víctimas de la peste. Hoy, Juan Emiliano, que deseó compartir las alturas con el Señor, agoniza, roído por el hambre y la enfermedad, en una cueva sellada. De su noble vida y de su renunciamiento queda una idea vaga y peligrosa: el indio contaminado. Lo encerraron para que no se disperse el mal y es todo lo que de él les importa.

Ahora estoy seguro: Juan Emiliano anduvo por el camino equivocado. Fue sincero y no pensó ni en el riesgo ni en el método. No analizó la estrategia de la santidad, y prefirió el ascetismo y el exponer su carne al dolor ajeno. Yo no he cometido tamaño error. Aprovechando el carácter invisible de mi raza —nos ven sin vernos, nos oyen sin atendernos— soy un especialista en genealogía y orografía de la santidad, he memorizado los hechos probables e improbables de la virtud extrema, y tengo trazada mi Geografía de la Gratitud, los sitios de las apariciones y las regiones beneficiadas. Y ahora pinto al por mayor imágenes que me compran las señoras extranjeras de visita en estos lares, y embotello el agua de los manantiales garantizando sus funciones recuperadoras, y he contratado bordadoras para las peregrinaciones de los gremios. No seré un santo, pero mis empresas divulgan el acontecer de los privilegiados por el trato íntimo con Dios, y hoy por hoy mi fortuna personal en algo me compensa del hecho terrible tan propio de los de mi raza: nunca conoceré el cielo de primera mano, nunca —por cuestión de epidermis— se me verá sentado a la Diestra de Aquel que, en esta época, nos ama a todos sin exclusión, pero jerarquiza su afecto.

Baños de pureza

Egregio varón: el informe confidencial que se me pide, destinado a poner de relieve un proceso de inmortalidad, es tarea particularmente grata. Para desempeñarla, así esté al tanto de mi escasa valía, proclamo un mérito: la cercanía de una vida con ese portento humano y sobrehumano, María Dolores Santillana. Agradezco la encomienda. ¡Qué mejor oficio que narrar la historia de quien atravesó por eriales del pecado con la mirada fija en la trascendencia! Al redactar estos apuntes, sólo me falta oír a Delfino, músico predilecto de nuestra venerada. (Por cierto, y como nota de la memoria errabunda, ¡qué suerte desdichada la de nuestro Delfino! Sus himnos, compuestos en la quietud del claustro, sustraídos de su casa por manos impías, son ahora melodías triunfales en cantinas y cabarets.)

Troco pues la feliz condición de amigo por la de recolector de testimonios sobre una existencia maravillosa pródiga en hazañas de la Fe.

Su confesor

Fue discreta como un ave. Predicó la paz en un siglo convulso. No conoció un mal pensamiento. Dulce y desprejuiciada, María Dolores extendía sus rezos como parvadas, y vivía en continua transferencia: le adjudicaba a unos pajarillos las voces del Señor, o a un sermón arzobispal el trino de un gorrión. No tuvo una mala palabra para con nadie, fue armoniosa al revés y al derecho. Si escogió a sus amigas íntimas entre las mujeres más ricas de la ciudad, lo hizo al abrigo de una certeza: las pobres se frecuentan entre sí, pero las ricas viven en soledad atroz. Si encabezó cruzadas contra los herejes, no lo hizo por sed alguna de sangre, sino para hurtarlos del pecado. "Los prefiero unas horas en las prisiones del siglo que una eternidad en las llamas sin misericordia."

Su hermana

A mi inolvidable María, Dios le concedió todo menos el goce de la maternidad, y para ello preservó su pureza en circunstancias trágicas. La víspera de su boda, Ernesto, su novio, ansioso por complacerla y recabar su amor, aceptó el desafío de María, que le reprochaba sus vacilaciones teologales. Nada de eso, replicó Ernesto, excitado su celo piadoso, él confiaba en la protección divina y entraría en un foso de víboras sólo auxiliado por el ungüento bendito y muchos rezos... Al regreso del funeral, la joven viuda ya sólo quiso para sí la devoción.

Una adelantada de su beatificación

¡Cómo reverberan sus anécdotas! ¡Y cómo sus anécdotas se vuelven caminos de edificación! Un relato nos estremece sobremanera y no cesamos de contarlo, aquella vez, en la etapa más ardorosa de su proselitismo, cuando persuadió a un grupo de bienaventuradas, frecuentadoras de su magisterio, a regocijarse en las tribulaciones. Así sean amores, las obras son limitadas, les afirmó, y convienen dosis severas de mortificación. Al oírla, algunas se resistieron, alegando ya cosa del pasado a los azotes y llagas que restauran el alma. "Más bien", le replicaban a María Dolores, "es tiempo de crear infraestructura hospitalaria, de invertir en empresas filantrópicas con alta rentabilidad." María Dolores las veía con paciencia y dulzura, y las exhortaba de nuevo. Y al cabo de un cúmulo de ejercicios espirituales, tanto insistió María Dolores en los gozos del padecimiento de la carne, que su elocuencia trasportó a las convocadas, ya reacias a privaciones menores, y deseosas de grabarse en el pecho −con pencas de maguey− tres letras de homenaje (de dolor y loor) a JHS, Jesucristo, el Salvador de los Hombres. A instancias de María Dolores, cada una optó por hacerlo a solas.

Al día siguiente del cumplimiento del pacto, se reunieron a intercambiar éxtasis. Desdichadamente, casi todas sólo se expresaban con gritos y sollozos, y las enfermeras y los médicos que las custodiaban no conseguían calmarlas. María Dolores, en cambio, serena, impávida, les mostró su pecho terso a las llorosas y ensangrentadas fieles. "¿Ven? Por más que hice, por más que profundicé en el trazo de las letras, el arcángel borró la señal de mi compromiso. Dios no quiere los cánticos de mi cuerpo herido. Prefiere mis plegarias."

Y las ensangrentadas, todavía arrastrando su pena física, se avergonzaron en lo íntimo de no obtener tamaño reconocimiento.

Su amiga de la infancia

¡Alabanza a su memoria! Ya desde niña nadie consiguió regañarla o llamarle la atención. Era inútil. Ella sólo atendía la música de las esferas cuyo sonido arrobador, inaudible para el oído impuro, nos refería. Música de rabeles, panderos, triángulos, dulzainas, cítaras, tambores, tímpanos, címbalos, pífanos, violas, tamborinos, salterios, virginales, clavecines, chirimías. Instrumentos de un sonido sólo a ella reservado, que amenizaban y endulzaban sus alejamientos de este mundo. María Dolores ya habitaba el Paraíso cuando los demás atravesábamos el valle de sombras de muerte. A ninguna otra se le dio permiso de ausentarse de novenas y trisagios y sermones y agonías y rosarios y rogativas y maitines. A ella sí, porque fue siempre una elegida. "Si falto a misa no es por desobligada sino para mejor hablarle directamente a…" Y nuestra admiración terminaba la frase.

Su médico

Todavía ignoro cómo se fue a morir. Nunca se quejó de nada, manifestaba una salud a toda prueba, y debía tenerla porque jamás la oí lamentarse, y siempre comentó que si bien me agradecía los esfuerzos, Dios era su médico de cabecera y sólo le recomendaba plegarias y hierbas. Ésa fue su versión, maravillosa, aunque según rumores malévolos, cada semana se iba a otros pueblos y, con nombre falso, consultaba a numerosos médicos y curanderos. La malicia abundaba: María Dolores, decían, era hipocondriaca, no confiaba en nadie, y vivía inmersa en calmantes y medicamentos. Y de acuerdo a ese chismorreo, su muerte se debió a una confusión de tabletas. Pero yo no le hago caso a los perversos, y la recuerdo grácil, relatándome cómo las defensas de su organismo se vigorizaban cada mañana viendo a los cielos cantar la gloria de Dios.

Su sirvienta

Era un rayo de luz. Como corresponde, su sombra era azul y benéfica, y yo me acogía a ella para curarme de dolores y malos recuerdos, porque si algo la señalaba era nada más pensar en maneras de acrisolar el alma, como decía. Por eso se le ocurrieron los Baños del Espíritu, agua caliente y especias aromáticas que, según nos decía, con el mero roce del cuerpo santificado se transformaban en agua helada y martirizadora, la propia del autocastigo de los justos. Y al contarlo, sonreía desde su humildad. Yo, pecadora como soy, tocaba el agua y la sentía caliente y agradable. Y al decírselo, me argüía: "¿Ves cómo tu naturaleza traicionera te impide comprobar el suplicio de la afrenta física?" Para ayudarse en sus dádivas, patentó mi señora los Baños de Pureza, de enorme demanda entre los poderosos. Pagaban sin chistar las cantidades que se les pedían (dinero que de seguro fue a los humildes), y, con aflicción alborozada, juraban sufrir el mayor y el más reconfortante de los rigores, y casi levitaban relatando sus padecimientos místicos. Y los resultados fueron tales que todavía hoy, a diez años de la extinción física de mi señora, florece la cadena de establecimientos dedicada a los Baños de Pureza María Dolores, merecido tributo a su desprendimiento.

El Gran hombre y su Amanuense

❖

Observó

al Cardenal con lentitud de ave de presa.
Y revisó los rostros electrizados de sus acompañantes, sus risas corales que circundaban las frases que a él llegaban como murmullos. "¡Qué suerte la suya!", meditó. "Estar cerca de ese manantial de agua viva, de ese hombre nacido para la posteridad. ¡Qué envidia!" Y al decir esto, intuyó estremecido su destino, su glorioso destino. En siglo tan triste, a él le correspondería escanciar y apresar las expresiones imperecederas, beber el néctar de la sabiduría de labios del más cumplido Príncipe de la Iglesia, ser (¿por qué no?) el Boswell de este Johnson, el Eckermann de este Goethe, el recolector fidedigno del Verbo –¡La Vida Misma!– de un hombre ante cuya memoria las generaciones venideras se inclinarían como la hierba.

No sin problemas, ingresó al séquito y no sin dificultades accedió a la condición de secretario. En su primera cena, desde su humilde rincón, el Amanuense permaneció anhelante. Iban y venían las viandas, se prodigaban los vinos y no se pronunciaba el dictum que dotase de razón histórica a la reunión. El recopilador se estremecía anticipando las frases encandiladoras. Al liquidar el Cardenal su sexto platillo, emitió una sonrisa que obligó al silencio. El escriba suspiró aliviado y dispuso sus poderes retentivos. La línea tan esperada sobrevino: "No cabe duda, sigue siendo sabrosa la comida casera", dijo el Cardenal y todos se rieron hasta la extenuación.

Ya en su cuarto el Amanuense anotó el gracejo y se durmió. Al día siguiente, las palabras no se habían movido, idénticas en su aparente banalidad. A partir de allí, empezó la persecución de los Aforismos

Perennes. En comidas con prohombres el Cardenal bendecía la mesa, oía de las crisis del mundo y de la teología, y acotaba: "A este pollo me lo frieron demasiado". A la mañana siguiente, ya a solas, con esa franqueza que traza fisonomías y caracteres en palabras imborrables, el Cardenal balbucía: "Hoy amanecí con dolor de estómago".

En las visitas a los pobres, al contemplar la angustia de un niño talentosísimo sin oportunidades de estudiar, decía entre dientes: "¡Qué lástima que sólo haya un cumpleaños al año!" En la noche, mirando a las estrellas condensar la dilatada infinitud del Universo, afirmaba entre suspiros: "Creo que me voy a resfriar".

Pasaron los años, murió el Cardenal, y apenas concluidas las fastuosas exequias y el duelo enaltecido, apareció el libro del Amanuense, *Las confesiones secretas de un purpurado*, relato típicamente licencioso cuyo éxito le permitió a su autor hacerse de una casa en la playa, lo que quizás lo compensó por la pérdida de las primicias de la inmortalidad aforística.

El hechicero del emperador

T an no soy

un cobarde que me atrevo a contemplar mi grandeza. Si no el Dador de la Vida, sí soy un ser perfecto, atabal de jades, lujosa muestra de mi raza y mi oficio, el único hechicero que defrauda el golpe de las hachas nocturnas y el canto de los tecolotes, volviendo buenos los augurios malos. Cuando me irrito tiembla la gente, tirita, se estremece, se perturba su corazón.

Es ya historia y no ofende a mi modestia. Hubo en la casa de Moctezuma quien no se amedrentó con los forasteros, quien en su corazón forjó cantos de guerra. Sólo yo desprecié sus gestos de codicia y reí ante el temblor de ancianos y mujeres. Fui valiente no por adivinar el porvenir, sino por el disgusto ante sus movimientos con estrépito y sus hedores sin misericordia.

Sin el espanto real, la indecencia de los extraños hubiese merecido de inmediato las espinosas flechas y los dardos. Pero Moctezuma, aliado de su destino, quiso evitar la ira de los "dioses"... ¡Los dioses! ¡Oh tamboril de tigres! ¡Cómo calan las supersticiones en hombres cuyo único poder es el poder mismo! ¡Cómo se vuelve pagano quien ya no adora a Tonantzin!

Me propuse alejarme, no por miedo ni por imaginar que partiría como las flores que perecieron, sino por ese tufo sin resquicios. Pero mi intrepidez y mi amor a la nación mexicana me mantuvieron junto al confuso monarca, dudoso en si esconderse en el lugar de los muertos, en la Casa del Sol o en la Casa de Cintli, la diosa del maíz.

A la hora en que Cortés y su vindicativa pestilencia decidieron aprehender a Moctezuma, yo dormitaba.

El emperador mismo fue a despertarme.

—Haz que se vayan, evapóralos —murmuró el infeliz.

Pensé en abandonarlo y sonreí, anticipando su palidez de sombra. Mas la memoria de hechiceros y guerreros antiguos dominó a mi ironía y pronuncié el encantamiento. El águila gritó, el jaguar dio gemidos, y los bárbaros dejaron de ser, como arrastrados por el río sin regreso. De su paso por estas tierras, sólo dejaron huella en el olfato.

Desde entonces, el emperador no se atreve a sostenerme la mirada.

Por desgracia, quienes, por rencores teológicos y mágicos, viven para afrentarme, alegan que esto que digo es falso y que mi incompetencia provocó la caída de Moctezuma. En el colmo, afirman neciamente que perdí la razón, que soy un renegado y que escribo estas líneas en el aborrecible idioma de los conquistadores.

Fábula de la extraña moraleja que solicitaba una fábula devocional

⁘

U na vez apareció en el centro de la capital una moraleja que decía al pie de la letra: "Procure ser, en todo lo posible, el pecador sin Fe, incorruptible". Al principio nadie la tomó en cuenta. A los pocos días, la obsesión en su torno era incontenible, y presbíteros y laicos de todas partes del mundo la examinaban tratando de imaginar a qué correspondía. "No parece el remate de una fábula pagana", se decían, "pero tampoco el corolario de una historia piadosa." Y la perplejidad crecía, convirtiéndose en epidemia. Todas las noches en la plaza, distintos narradores urdían complementos maravillosos ante un público que aplaudía y silbaba. Pero ningún relato le quedaba bien a la moraleja, la forzaban en demasía, la desencajaban.

Finalmente los curiosos, encolerizados ante la ineptitud para develar el misterio y adjudicarle un digno y luminoso texto a la moraleja, se fatigaron y procuraron silenciar el tema eternamente. Cuanto más, si se hablaba del género, citaban ejemplos amables y milenarios: "Al mal paso darle prisa" o "Entre santa y santo pared de cal y canto" o "No hay más ruta que la nuestra", que se adecuaban sin riesgo a decenas de miles de fábulas.

Cuando se convenció de que nadie la observaba, la moraleja dejó salir a su fábula, y se tendió junto a ella en un rincón oscuro para disfrutar de su dicha sensual.

La Vaca Sagrada y la Mentira Piadosa

❖

La reunión disponía de un interminable motivo de orgullo: la Vaca Sagrada. Rotunda, de expresión distante, enemiga de las intimidades, ella todo lo sabía y lo que presumiblemente ignoraba formaba parte de lo que ostensiblemente callaba por modestia. Multiplicada por los honores, su mero aspecto era ya un festejo de la sapiencia. Joya del presídium, doliente de alto rango en los funerales de próceres y poetas, emblema de toda Junta de Notables, la Vaca Sagrada era, desde sus movimientos pausados, la apoteosis del talento recompensado, del profeta venerado en su propia tierra.

Si algún consuelo cruzaba la región, ése era la Mentira Piadosa. A los cancerosos en último grado les recomendaba medicinas para la gripe, a los corruptos notorios los felicitaba por su buena fama, entretenía a los pobres vaticinándoles la inminente desgracia de los ricos, sus hijos consumidos por la droga y la perversión, sus palacios saqueados, la turba linchándolos morosamente. Uno era su lema: "Mentir no es sólo abstenerse de la verdad, es salvar a la verdad del riesgo de la inexactitud".

Fallaron las cosechas, se demoraron los créditos, en la región se aposentó la hambruna y de un momento a otro no hubo qué llevarse a la boca. Los niños desfallecían ante el espectáculo de sus madres desesperadas, y hubo quien fingió agonía con tal de engullir una hostia. Quedaba una última provisión: la serena y robusta Vaca Sagrada, ya acosada en sus paseos por ojos rapaces y labios húmedos. Medrosa, visitó a la gran estabilizadora mental, la Mentira Piadosa.

–¿Qué me va a pasar? –indagó la Homenajeable–, siento el peso de las apetencias sobre mí, y los destellos que capto ya no son de reverencia sino de gula.

Nunca desperdiciaba la Mentira Piadosa oportunidades de ejercer su ministerio.

–No te preocupes. No te sucederá nada. Te respetarán porque tú les permites elogiar sin dificultades a la sabiduría, los logros de este mundo, los aciertos jubilares.

La Vaca Sagrada suspiró aliviada (no en balde el fundamento primero de su fama era su vocación de autoengaño). La Mentira Piadosa certificó lo acertado de su vocación y meditó conmovida: "A como está el hambre, es la última vez que veo a tan noble figura".

Pero la inhibición y el respeto ancestral contuvieron a los hambrientos y el sacrificio no se consumó. Al reanudarse el comercio de víveres, la Vaca Sagrada fue objeto de nuevos vasallajes y la Mentira Piadosa se degradó a sí misma confinándose en el agujero de las observaciones prescindibles.

Del refrán que fue piedra de tropiezo de la Fe

❖

Ubicuo,

a quien Dios no escatime comodidad alguna a su vera, no fue en la vida terrenal hombre muy avispado, presa como estaba de la obsesión por la cultura popular, que le hacía descubrir esencias y rasgos perdurables donde sólo existen tristezas del músico ambulante o garabatos de aficionado. Sin conciencia de culpa ni miedo a lo banal, escudriñó por días y años folletines innobles, cartas de amor, tratados de magia, y divulgó sus apreciaciones con el gozo reservado por sus contemporáneos a las obras teológicas. Él fue feliz comparando las variedades de la experiencia musical, describiendo las alzas y bajas de las creencias, cronicando exaltado a las celebridades del momento: curanderos, príncipes disipados, verdugos que de improviso ejercían su oficio contra sí mismos, tañedores de laúd, cortesanas, cinceladores del verso alejandrino. Él, sobre todo, se extasió en la glosa del refranero: "Nada somos", decía, "sin esta voluntad de síntesis de las generaciones, sin la acumulación de siglos resuelta en una frase. Oigan esto: *tendiendo el muerto y soltando el llanto.* ¿No se compendia aquí toda nuestra civilización? ¿No se vislumbra en una sola línea el espíritu trágico de la época?"

Sea porque la monomanía es la forma más conocida de la beatitud, sea porque la Santidad es a fin de cuentas una insistencia temática, Ubicuo consiguió por su entrega a lo popular el reconocimiento unánime de principados y potestades. Para no decirle "sabio" o "erudito" (elogios menores en aquel entonces), se le llamó "varón de paz y caridad", se le consideró arrellanado en la gracia eterna y, al cesar su democrática vigilia, se tramitó su canonización.

A la jerarquía celeste, San Ubicuo trasladó su persistente amor por los fenómenos de masas. De inmediato, obtuvo la encomienda: "Examina las diferencias estructurales entre justos y pecadores". Se sumergió en una investigación laboriosa y, al cabo de numerosos errores y ensayos, presentó un informe que fue muy alabado. Describió a los justos víctimas del orgullo de su condición minoritaria y embebidos en las sofisticaciones litúrgicas; mostró a los pecadores enajenados por sus pasiones y el consumo pasivo de la tradición oral. El dictamen fue equilibrado: a los justos los pierde el elitismo; a los pecadores los manipula el imperio de los sentidos.

En su lucha por extirpar la ya inconveniente división cultural entre "cercanos a Dios" y "alejados de Su Mano", Ubicuo promovió la elevación de la paremiología (o ciencia de los dichos emanados del hombre, como añadía por respeto a la ignorancia ajena) al rango de ideología de la unificación. Sus hallazgos se multiplicaron: el cielo es un gran refrán inadvertido, el perdón de Dios es la admisión teológica de que más vale tarde que nunca, amonestar a un ángel es hacer el bien sin mirar a quién. Obstinado, concluyó: "Y no hay verdad mayor que ésta: *santo que no es visto no es adorado*".

Y en seguimiento de tal confianza, Ubicuo centuplicó sus presentaciones, bendijo a caminantes solitarios o en grupo, amenizó veladas metafísicas y reuniones familiares, les concedió versiones exclusivas de sus proezas a los hagiógrafos en boga, posó interminablemente para los hacedores de estampitas, frecuentó catedrales y capillas semiabandonadas, visitó los sueños de todos los pintores. Pero ni el examen de los refranes auspició la cercanía de justos y pecadores, ni el estatus de Ubicuo se modificó, porque al sentirlo tan ocupado no se le rezaba para respetar su tiempo, y nadie se puso bajo su advocación porque, de cualquier modo, todos confiaban en encontrárselo esa misma tarde.

Si había

alguien orgulloso de su espíritu contemporáneo era el Teólogo de Avanzada. Creía que todo dogma era cuantificable, verificaba las correspondencias entre la física y el Sermón del Monte, sostenía que un milagro no viola sino amplía las leyes de la naturaleza, y no se oponía a declarar simbólicos o alegóricos los textos bíblicos juzgados inexactos o falsos por la razón. Pero al Teólogo de Avanzada lo acompañaba la mala suerte. Bastaba su presencia en una boda para que por ensalmo se desvaneciesen bebida y comida. Salía al campo y lo seguía una orquesta de seres inanimados. Decía una agudeza y la víctima de su chiste inofensivo se retorcía de dolor al otro lado del océano. Durante una sequía imploraba por agua y tras cuarenta días y cuarenta noches de tormenta incesante, muchas especies desaparecían para aflicción de zoólogos y ecólogos.

"¿Cómo es posible?", se preguntaba. "Yo, el Teólogo de Avanzada, hago a pesar mío milagros fuera de época. Di un discurso en la Universidad sobre el Evangelio y la rotación de los astros, y en la primera lección oscureció a mediodía y llovieron del cielo focas y jirafas. Anhelo el diálogo cartesiano y me aclaman muchedumbres fanáticas. Nadie, absolutamente nadie, toma en serio mi intento por hermanar la religión y la ciencia." Mientras se lamentaba, llegó una carta de la Academia de Investigación notificándole el rechazo por "acompañar su solicitud de ingreso con demostraciones precientíficas". Irritado, el Teólogo de Avanzada lanzó una maldición y todos los miembros de la Academia se convirtieron en sapos de piedra.

Por una vez, el Teólogo se alegró de sus poderes a la antigua.

Estado de gracia

❖

Era una santa,

así la considerábamos, y ella refrendaba nuestro juicio con su bondad hacia pobres y enfermos, su celo piadoso con los ancianos, y su angustia cuando el sufrimiento la abandonaba. Por eso nos indignamos y asombramos el día en que la policía, con rudeza, la condujo a la cárcel acusándola de envenenar a las doce viejitas que habían testado en su favor. Todos gritamos: "¡Infamia! Esta mujer es el bien, la llama de amor puro".

¿Quién le podía creer a los policías, lacayos miserables del Estado ateo? Seguros de la infamia, nos apostamos frente a la prisión por horas y semanas, pidiéndole a la corte celestial la reivindicación de su hija, tan inocente que siempre la creíamos desprendida de un exvoto, así de complementaria con los paisajes de la piedad.

Las pruebas eran insustanciales: doce testamentos, doce muertes asombrosamente similares. ¿Pero qué no es coincidencia en el reino del Señor? ¿No acaso cantan igual las aves del campo, no por ventura es idéntica su desaparición el día de mañana? Estas y otras reflexiones provocaron que el día de la comparecencia no cupiesen en el juzgado ni un alma ni un gesto de indiferencia. En punto de las doce, se abrió la puerta lateral y entraron el juez, en su habitual silla de ruedas, y el fiscal, con su ceño implacable, como de pecado sin remisión. Ante tanta arrogancia prorrumpimos en un cántico en honor de Aquel que nos concedió el don de alabarlo. Y dos agentes introdujeron a la santa que, radiante en su aceptación de las flechas del martirio, lanzaba la vista hacia lo alto, tal vez en espera de carrozas de fuego o de ríos de la misericordia. Se inició el juicio, las acusaciones se acumularon, las tensiones crecieron hasta oprimir el nerviosismo, y ante las preguntas perversas, ella, la santa, sólo respondía con maravillosos enigmas: "¡Loada sea María! ¡Benditos sean los signos de interrogación! ¡Dios nos libre de los paréntesis! ¡San Pedro nos proteja de los puntos y aparte! ¡Nada de comas ni de comillas que ya viene el alba de los justos!"

En la tarde, las autoridades presentaron su carta de triunfo: Úrsula, la cocinera y ama de llaves de la santa. Entre espasmos (que nosotros atribuimos al remordimiento) aseguró haberla visto combinando las pócimas, y juró que en tres casos por lo menos, la santa fue cruel con las viejitas que se negaban a firmar unos papeles. La sala se volvió un mar de escalofríos y confusiones, Úrsula terminó su acusación entre sollozos y el fiscal llamó al estrado a la santa. Con lentitud majestuosa que desesperó a los impíos, ella se puso de pie, y nosotros, que creíamos sabérnosla de memoria, la encontramos refulgente como nunca antes. Sin atender los llamados del juez al orden y el silencio, ella, en voz muy alta, le pidió al Altísimo indulgencia para sus enemigos, que actuaban sin poder evitarlo porque en sus corazones la envidia reproducía los rasgos del Maligno. De golpe, cesó la plegaria y la santa abrió sus manos con tímida altivez.

¡Ah, la prodigalidad de los estigmas! Armoniosos, exactos, se precipitaron los torrentes de sangre, con la prisa informativa de los manantiales. Luego, la santa cerró las manos, y al mostrarlas un minuto después, el estigma se había desvanecido y el piso estaba como recién lavado. Empezó a cantar, y su voz nos hizo sucumbir de dicha, porque auguraba con detalle el paraíso y sus campos de trigo esplendente y sus cielos en donde los colores se suceden. Y en medio del canto, lo inesperado: el viejo juez, el tullido famoso, se levantó y caminó sorprendido ante el vigor de sus movimientos y aplaudimos y él hizo un paso de danza y dio dos vueltas y —emocionado y fervoroso— se devolvió al sillón. En ese instante, Úrsula se puso de pie y a gritos admitió el resentimiento que la extravió en la calumnia, y el juez, enceguecido por el llanto, abjuró de su agnosticismo y se unió al coro que de la santa imploraba perdón y piedad. La santa besó en la frente al juez y a Úrsula, y del juzgado salimos dando voces de triunfo, rezando y cantando, y ante la casa de la injustamente calumniada, el Señor Obispo y diez sacerdotes celebraron misa y allí recomenzó la evangelización del pueblo, en la vigilia más feliz de nuestra vida.

Un mes más tarde, la santa resultó inhallable, y supimos por el director del banco que había retirado su dinero, ansiosa, según le dijo, de repartirlo entre los pobres. Nos lanzamos a su casa y allí estaba Úrsula, de bruces sobre un camastro, victimada con perfeccionamiento de la saña. Rezábamos en silencio cuando un enviado del Señor Obispo, trémulo de miedo y de rabia, nos informó. No se encontraban por lado alguno las preciadas joyas de la catedral, cuya vigilancia, por decisión unánime, se le encargó a la recién desaparecida. Y no se supo más de la santa, a quien nadie volvió a llamar así.

Y el viejo juez, que subía a los montes y corría por los parques, readquirió la dolencia, asilándose en la silla de ruedas. Y por las tardes, se oía su murmurar: "Lo peor que hizo esa mujer no fue beneficiar agencias funerarias. Lo peor fue revivir en un incrédulo como yo la esperanza mística. Ella se largó, y yo aquí sigo, igual de inútil, y convertido radicalmente a la creencia que siempre he detestado".

El común de los inmortales

✥

A Enrique

de Badajoz le tocó ser un indiferente religioso en el bendito siglo XVI, casi el único en todo el
territorio de la Nueva España, cuando nadie había oído siquiera
el término, y no se concebía su significado. A Badajoz le aburrían por-
tentosamente los esfuerzos de construir un Dios a semejanza y, sobre
todo, a imagen de los hombres. Decía para sus adentros: "¿A quién
se le ocurrió la teología? ¡Qué disparate! El que se molestó en hallar-
le sitio a los astros y cauces estrictos a la fisiología, no se entretiene
urdiendo símbolos de vana adoración". Y si Badajoz se conmovía
ante el amanecer o el atardecer o el brillo de la luna en el agua, era por
razones estéticas. "Todo es tan bello que dan ganas de adjudicarle un
propósito..." Y no enunciaba sus ideas un tanto por la flojera de
escanciar vino nuevo en oídos necios, y otro tanto por respeto a su
familia a la que no le hubiese gustado presenciar su ejecución en la
plaza pública.

Como soldado, Badajoz no era irreprochable. Le aburrían los ejercicios, le aturdían las voces de mando y detestaba el derramamiento
de sangre, así sirviese para arraigar los credos y consolidar los impe-
rios. Pero no todo en la vida dependía de su voluntad y a Badajoz se
le asignó sitio en la expedición que conquistaría el desierto y sabría lo
que hay más allá de las llanuras polvorientas y resecas. Partió mal-
humorado y nunca supo en qué momento su regimiento extravió el
rumbo y ellos empezaron a dar vueltas como en círculo, y a enojarse
y a pelear con sus propias sombras y a maldecir y a llorar y a supli-
car y a desplomarse en la fiebre y la sed, musitando perdones o soli-

citando castigos más severos. Uno tras otro perecieron los bravos soldados, y Badajoz, asfixiado por la desesperación, ya sin ropa alguna que lo cubriera, se representó en números cabalísticos la nada o el todo al que se uniría en breves instantes. Y no supo más.

Horas después, al cesar los ruidos y los ecos de los ruidos, Enrique abrió los ojos y se halló solo, cerca de un estanque con una palmera. Se creyó aprisionado en un delirio y sin embargo fue y bebió y el agua le pareció asombrosamente real y el alivio muy intenso. Y gritó por si había quien lo oyera arriba o abajo: "El Señor, que rige pausadamente el Universo, me ha exceptuado del flagelo de la muerte para que encomie su destreza y su perdurabilidad".

Al llegar a la ciudad, amigos y conocidos lo recibieron con enojos y hostigamientos: "¿Cómo es que sigues vivo? ¡Eres un cobarde! Nunca saliste en la expedición y por eso no te liquidó el desierto". Y fue inútil que exhibiera llagas y cicatrices y cutis arrasado. Insultos y escarnios le respondieron. Enfadado ante tamaña incomprensión, Badajoz tornó a localizar símbolos incomprensibles donde los demás capturaban las enseñanzas tangibles del cielo.

Era tanto el tiempo disponible en la Nueva España que, con manía inquisitorial, todos acechaban enfermedades y episodios funerarios y, ante el espejo, fiscalizaban las facciones propias, mientras se indagaban sin cesar: "¿Cuántas arrugas me separan de la muerte? ¿Qué tanto de vivacidad le queda a mi rostro?" Y Badajoz, librado del tormento del espejo, se fastidió con la frecuentación de los cementerios, encomendándole al Padre Eterno amigos y familiares. De tarde en tarde, feliz y preocupado se cercioraba de lo inaudito: sus rasgos no padecían el menoscabo de la edad. "¡Qué extraordinario!", se dijo. "He hallado sin querer a la Fuente de la Eterna Juventud!" Y a cada muerte, Badajoz suprimía la pereza que lo separaba de la convicción, y al cabo de unas horas, enterado de su buena salud, desertaba del rezo y las mortificaciones.

Al morir ya entrado en años su hijo menor, el rumor público lo asoció con el demonio y Badajoz debió huir de la ciudad. Se trasladó a otro virreinato, mudó de nombre y profesión, tuvo otros hijos y otros nietos, y sólo perseveró en una lealtad: la duda displicente sobre los orígenes del género humano. Pasaron los decenios, volvió a un México ya independiente, y cesó de interesarle a Badajoz el hecho rutinario de la muerte ajena. Desde ese día, sus explosiones de religiosidad nada más tenían lugar al enterarse de los descubrimientos que alargaban la vida. "Dios quiere que duren más mis interlocutores."

En el siglo XIX, y por ejemplo, fue consejero militar del dictador Don Antonio López de Santa Anna, cocinero de los regimientos imperiales de Maximiliano y coronel de las tropas de Benito Juárez. Ya entrada la nueva centuria, apareció fugazmente en el gabinete presidencial de Porfirio Díaz, y Pancho Villa lo hizo coronel en la División del Norte. Y para entretenerse, carente de toda prisa, inmune al apuro, enumeraba en sus vigilias las amistades con el nombre de Miguel o Alberto, o Flora o Ernestina, y los años y el siglo en que las había tratado o, también, se preguntaba a ojo de buen cubero: "¿Cuántos seres aloja el Más Allá?" Y durante una hora era partidario de la luz, y a la siguiente de las tinieblas en donde se forma la materia. Y en el refinamiento, dividía sus certidumbres en el mismo instante.

Y seguía vivo. Lo probó todo, pero la indolencia lo dominaba y si no acudía al suicidio era por el morbo: "¿Llegará este joven inquieto a Presidente de la República? ¿Se derrumbará este imperio?" Y coleccionaba actividades: senador de la República, cristero, anticuario, entrepreneur, filatelista. En 1970 se hizo narco en Sinaloa; en 1980, agente de la policía judicial en Guerrero, y en 1995 abogado de políticos prófugos. Y cada mañana se confesaba a sí mismo: "Si estoy vivo es por el equilibrio entre las fuerzas de la convicción y las de la indiferencia. Le reconozco a la nada sus buenas relaciones con Dios. Bendito aquel que recompensa de igual modo mis rezos y mis bostezos".

Y Badajoz en la eternidad misma aún hoy se transfigura, y los ángeles persiguen al Señor demandando explicaciones al respecto. ¿Cuál es el secreto de la inmortalidad? ¿Y por qué se le concede a indecisos y creyentes ocasionales?

El apetito de evangelización

✣

Me lo aclaro

a mí mismo, en la madrugada del día fatí-
dico: estas palabras, que enuncio con temblor y vergüenza, no las repetiré jamás, ni siquiera en murmullos. Soy, y lo
acepto, un cobarde, alguien flechado desde niño por temores de la
noche y fantasmas del mediodía, y por eso no levantaré como urna de
verdad mi testimonio de exculpación, y por eso, con ojos arrasados
por el dolor, no atisbaré siquiera la tragedia. A mi voz el espanto la
ahogará en mi garganta.

Soy el único al tanto de lo que en rigor aconteció, pero a la semilla
en la que fructificó mi persona no le fue otorgada –desde el principio
de los siglos– el don de las reivindicaciones. Dios, que todo presiente
porque ante sus ojos todo ha sucedido, a cambio de la valentía que me
negó me colmó de prudencia, así mi silencio, ante la desgracia que en
breve consumirá a Fray Andrés, me inunde de lamentaciones hasta el
fin de mis días.

Declárome a mí mismo que nunca he conocido sustancia tan mise-
ricordiosa como la de Fray Andrés. ¡Cuánto desprendimiento y cuán-
ta ignorancia de sus propias necesidades: hambre, sed, descanso, diá-
logos eruditos! Lo he visto quitarse el mendrugo de la boca para
cedérselo al necesitado, y me consta que no hubo en su conducta
pecado o herejía o profanación. Tan sólo mala suerte, esa eterna per-
seguidora, esa difamadora, esa mortal enemiga de las buenas intenciones.

✣

Supe de Fray Andrés tan pronto arribó a estos lares. Me hablaron de él agitadamente, con el énfasis usado en el anuncio de cometas y temblores. Me acuerdo de ese día, porque todo era extraño, los hedores de la calle se apartaban como llevados por el viento, y la muchedumbre hervía como paja. En un mesón un amigo mío, comerciante, se me acercó:

—Me alegra verte porque ansiaba un oído comprensivo. Quiero referirte un hecho un tanto extraño. Hace unas horas conocí a un recién avecindado entre nosotros, un fraile que sólo habla de evangelizar. Le pregunté por cosas más terrenales, dónde vivía, si le deslumbraba o no la capital de la Nueva España y él, sin oírme, entonó un sermón para mí solo: "Quiero llegar al cielo con la cuenta más grande que se haya visto de seres hurtados al demonio. Yo, que no me jacto de nada porque la jactancia es vil y es pendenciera, quiero ufanarme de la legión de paganos que enviaré al cielo como súbditos leales y afanosos cristianos". Le agradecí su celo, tan edificante, le inquirí de nuevo por su alojamiento y me puse a sus órdenes por si se le antojaba pasear. Pareció no escucharme y transido, como si lo hiriesen las cimitarras del deber, siguió con su homilía: "Hay ungidos de Dios a quienes les fue deparada la dicha de allegar multitudes al seno de la Santa Madre. He estudiado sin cesar sus vidas y sus aportaciones. Así por ejemplo, por munífico ejemplo, San Epigmenio Mártir, antes de que lo coronasen los goces del sufrimiento, condujo a la Única Fe, según se afirma, a 104, 202 de sus desconocedores. San Fulgencio, que a la Diestra se aferre, tal y como documenta su discípulo y biógrafo Jerónimo de Salamanca, orilló al acatamiento del Dogma a 316, 802 heréticos. Y el más activo en mi registro, San Baltasar de Siena, persuadió de las bondades litúrgicas a una región entera, lo que le acredita 642, 138 almas rescatadas en su haber. Y me he propuesto trascender tan hermosas cifras, no por ganarles a mis gloriosos antecesores, porque el cielo proscribe la competencia, sino con tal de reafirmar la multiplicación de su Causa, que vuelve mínimo el número más inalcanzable". Eso me contó Fray Andrés, que así se llama, y me impresioné tanto que olvidé invitarlo a mi casa, como es nuestra costumbre.

✣

Revélome a mí mismo que desde el relato del comerciante anhelé acercarme a varón tan esforzado. Dos días más tarde lo hallé y, sin escatimar detalle, me repitió las frases estremecedoras. Me abrumó su destreza en el manejo de su contabilidad piadosa. Eran centenares los santos y beatos y hermanos ilustres de cuya capacidad persuasiva daba noticia puntual. Por momentos su conversación era hipnótica y uno, de tan fascinado, ni siquiera lo oía. La mayor parte del tiempo, fuerza es reconocerlo, su loable obsesión diseminaba el tedio como si fuera el cólera, con presteza y a empellones. Y pese a todo, permanecí a su vera porque, conviene también admitirlo, escasean los espectáculos en estos rumbos.

A la semana de amistar con él, vi partir de la ciudad a Fray Andrés, con su aire obcecado y su manía de hablar a solas reprendiendo al viento y el polvo. Al cabo de los años, olvidado de su existencia, así de ingrato es el recuerdo, me sorprendí al vislumbrarlo en las inmediaciones del convento de la Merced. Me le acerqué, lo noté nervioso y demacrado, lo saludé con efusividad y no me inmuté cuando desdeñó mis cortesías y recibimientos cálidos. Una era su intención: narrar su ordalía.

—Hermano, no todos los caminos trazados por el Señor son infinitos. El mío consiste en tres pasos que retroceden, un avance leve y de vuelta al punto de partida. Llegué tarde a todo, y, por lo visto, en estas regiones hasta las plantas y los árboles tienen noticias del Evangelio. En la primera de mis excursiones conocí senderos ignotos, ascendí por montañas que desafiaban al más intrépido, crucé por desfiladeros inclementes, y casi afirmaría que caminé sobre abismos, o por lo menos bajo mis pies sólo se asentaba el aire. Al cabo de fatigas y agonías literales, avisté a un grupo cubierto de pieles y alhajado con huesos de animales enormes. Me contemplaron con curiosidad despreciativa. No hablo dialectos nativos, así que elevé mis preces y le rogué a Dios que infundiese en sus toscas mentes el sentido de mis palabras. Terminé mi rezo y uno de los nativos, el más hosco, el más feroz en los visajes, me habló en latín perfecto, en el latín de los obispos más ilustrados. Traduzco su lenguaje clásico a mi español irregular: "Hermano, bienvenido seas. En esta región todos aceptamos el Evangelio y su madre bendita desde hace generaciones. En la región no hacen falta predicadores, sino teólogos de excelente nivel". Me disculpé como pude, y me fui, humillado, incrédulo... Desde ese momento mi viaje se frustró, pues está escrito que todo lo que puede empeorar así lo hará, y lo que pueda ceder se derrumbará con estrépito. Adonde fui, en medio de privaciones y obstáculos, sólo hallé redimidos y sometidos a la férula de Aquel que nos dotó de sentido. Unos sabían menos teología que otros, pero su hablar era preciso y abundaba en las minucias y excelsitudes del Dogma. Vagué y erré por caminos aún no trazados y atisbé paisajes desconocidos, relámpagos emancipados de las tempestades, soles despiadados que permanecían indefinidamente en el cenit, selvas donde la lluvia nunca dejó crecer a la vegetación. Mas por doquier, en lo inhóspito y en lo paradisiaco, nada más conocí cristianos versados en hiperdulía, hermenéutica y hagiografía. Alguien, tal vez la misma persona, se me había adelantado por décadas y años y semanas. Y hace unas cuantas horas, sin proponérmelo, me vi de pronto junto a estos muros venerados, sin haber obtenido un solo espíritu que se agregue a su hora a la resurrección de los justos.

❖

Fray Andrés guardó silencio y me conturbé. ¿Cómo ayudarlo? ¿De qué manera facilitarle su empresa? Él había nacido para distribuir el Mensaje, y no para otro desempeño. En un rapto de inspiración, lo aconsejé, y acepto ahora que me oí persuasivo, lúcido:

—Fray Andrés, lo que precisáis es un punto de arranque. Bastará con que se dé el primer evangelizado por vuestra palabra para que los demás lo sigan por añadidura. Redención llama a redención. Os propongo algo quizás asombroso, pero que juzgo eficaz: inducid a un hombre a volverse catecúmeno. Yo contribuiré con mi diezmo para tal empresa... Y ya tengo al sujeto. Es un indio que vive del hurto y la componenda y que en las tinieblas se comunica con sus dioses. Id con él y pedidle que acepte el mensaje de Dios y de su Iglesia. Él hablará de cuán robusta es su fe, y se llamará a ofensa, y empezará a rezar. No le hagáis caso y pasadle con discreción el dinero exhortándole a la sinceridad. Y de seguro, pronto el indio se declarará idólatra, y lo convertiréis de inmediato.

Fray Andrés, solemne, encendido, sin mirarme siquiera, tomó las monedas, me dio las gracias y partió. Al día siguiente, supe la terrible noticia: el nativo, una vez aceptado el soborno, denunció el inten-

to de paganizarlo. Fray Andrés fue detenido y sometido a proceso, y
hoy se ejecutará la sentencia. Y aquí estoy, en vigilia, aturdido por
lágrimas y oraciones, y pregonándome a mí mismo lo que Fray
Andrés, quien ha de consumirse envuelto en la inocencia y la
estupefacción, jamás supo: él sí, por lo menos, inscribió a
una persona en su lista de evangelizados: a mí, el
racionalista, el incrédulo silente de la Nueva
España, que hoy acepta su fe, y a raudales,
con tal de no dejarlo morir con su cuenta de almas rescatadas en blanco.

Si no quieres que se deformen, evita las tradiciones

❖

La característica de Donato era la lealtad al pasado y nunca se tardaba en proclamarla. "Todo lo bueno ya sucedió, y a nosotros sólo nos queda conservar el respeto y vigilar la transmisión precisa de nuestra herencia moral." En la Nueva España, sacudida por los enfrentamientos entre virreyes y obispos, y trastornada por las consejas de monstruos amantísimos y apariciones sin interpretación teológica al calce, la obsesión de Donato se consideró excentricidad (según algunos), y luego franca pesadilla (según casi todos). "No inviten al desequilibrado", se decían los vecinos, "empezará con sus prédicas, vigilará que en la comida o en la cena todo sea conforme a usos y costumbres, y no nos dejará hablar de asuntos de interés."

"La Nueva España —argumentaba Donato— pertenece al Nuevo Mundo. Aquí todo es inaugural, como en el Jardín del Edén, o en las primeras representaciones teatrales del Jardín del Edén. Aquí se asiste a diario, casi sin querer, al nacimiento de numerosas tradiciones." Y convencido de lo que decía, Donato halló su vocación: sería el vigilante de la identidad virreinal, el guardián de lo Felizmente Acontecido. ¿Quién le disputaría tal papel, y quién no lo enaltecería por su crónica puntual?

Una tarde, toda llena de murmullos, Donato, sentado en su silla de suplicios, se quedó con la vista fija en la pared blanca de su celda, atendiendo a su hábito inalterable. Pero, al cabo de una botella, no obtuvo la bendita hipnosis que lo trasladaba aladamente al catre de durezas que se volvía de seda. Esta vez la pared blanca se animó con imágenes obscenas que cambiaban de improviso entre rayas y ruidos esotéricos. Y la visión no tenía sentido, era procaz o simplemente desagradable, como la música aturdidora (si eso era música) que la acompañaba. Y una voz en idioma que Donato reconoció muy parcialmente como el suyo, hablaba de las festividades del año, y elogiaba máquinas incomprensibles y atavíos deshonestos de mujeres que ni siquiera tenían la excusa de parecer indígenas semidesnudas. "Ésta es la Semana Santa en las playas del Pacífico. No se la pierda", dijo la voz, y en los días bienaventurados se bailaba en sitios donde los cuerpos no tenían espacios entre ellos, y las parejas se acariciaban como si nadie los viese, o como si Dios nada tuviese que objetar. Y la imagen cambió y la voz dijo: "Ésta es la celebración del Día de Muertos en provincia". Y ninguno se dolía ni mortificaba su carne reconociéndose polvo suplicante. En una palabra, las tradiciones se habían perdido.

Las premoniciones horrorizaron a Donato. No únicamente afectaban a las grandes fechas del Santoral, sino a lo que poco a poco surgía en el virreinato, las narraciones de fantasmas pecaminosos, los chismes sobre el origen de las fortunas, las maneras de venerar. El futuro se advertía intolerable. ¿Cómo salvar de distorsiones y deformaciones a lo más entrañable? Donato maquinó la estrategia magistral. Enlistó a la mayoría de leyendas y costumbres de importancia creadas en la Nueva España y, aprovechándose de su autoridad moral y de la participación de los indígenas, tan poco fiables, las denunció como prácticas demoniacas. En un comienzo hubo dudas y averiguaciones, pero el Tribunal del Santo Oficio y las autoridades creyeron en su palabra. Varias de las tradiciones denunciadas sufrieron persecución, otras perdieron su clientela. Y todas, al disiparse o esconderse en las sombras, se salvaron del atroz destino que Donato vislumbró, el de la degeneración a nombre del cambio de los tiempos.

Gracias al celo de un hombre pío, casi todas las tradiciones del virreinato extraviaron su camino, y no nos concedieron la oportunidad de olvidarlas.

LÁMINAS DE
FRANCISCO TOLEDO

✣

✧ I ✧

La Imagen de [...] Jesus, q venera
su Congr.ⁿ en la Ioͥ[...] de Puebla: Los Illmos
Señores q aqui se Nomͥ[...] dias de Indulᵃ aq ͭ[...]
[...]on Cͥadͣ ante d̄ la Estͥ[...] de Mexⁱco Goathe[...]
Puebla Cͥ d̄ Ano Oaxaca Chiaгpa H[...][...]cͣ y Mechoacᵃ[...]
[...]d̄ Lic.ᵒ D. Mat̄ del Toro Siendo a[...][...]lend[...]
[...] d̄ia Con

✢ III ✢

✣ IV ✣

✥ V ✥

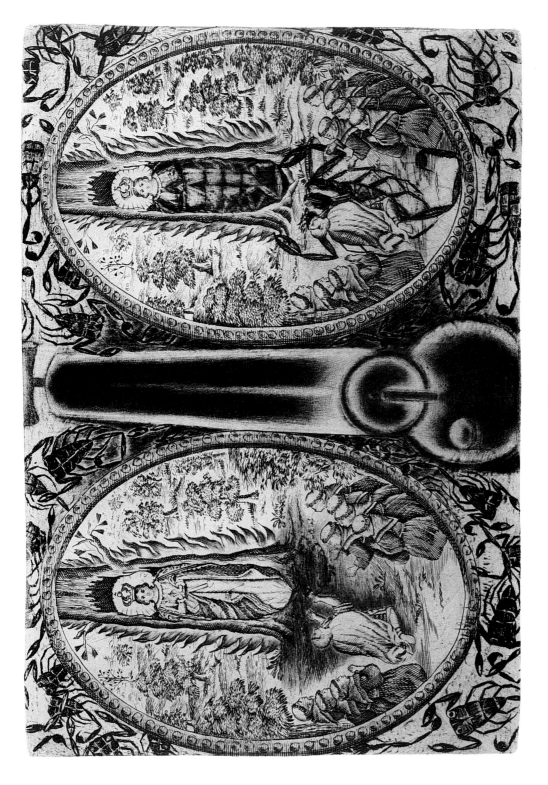

⁘ VI ⁘

✧ VII ✧

S. JOSEPH
Venerrim[...]

✣ VIII ✣

❖ IX ❖

✣ X ✣

V. R. de la [DS.]ᵃ Antᵒ del monte del bar
rio del Rosaᵒ de Flacaluᵃ qᵉ se
venera á devⁿ de Franᶜᵒ Lopez y
Lisenᵃ del Parrᵒ Dⁿ M. M. Monte.ᵒ

✦ XI ✦

V. R. DE JESUS NAZARENO

Que se celebra en el pueblo de Atotepec Obispado de Oaxaca
El Illmo. Sr. Obispo D. Antonio Vergara y Jordua concedió 40 dias
de Indulgencia a quien rezare un Credo, un Padre Nuestro a este
dno. Nazareno y fuere su limosna.

✢ XII ✢

EL PRINCIPE S. S. MIGUEL.

✦ XIII ✦

JOSEPH
Que se venera en la Parrochia.

Vivero:

✠ XIV ✠

V. R. DEL SEÑOR DEL SAUSITO.

El Ilmo. Sor. Obispo Dr. D. Pedro Barajas concedio 40 dias de
indulgencias a todas las personas que visiten la capilla del Sor. del Sausito y de-
votamente rezaren un Padre nuestro o un Credo por las necesidades de la Yglesia.

El monje que tenía presentimientos freudianos

Desde la hoguera te celebro, Señor, porque el hedor de mi propia carne y los rezos hipócritas de mis antiguos compañeros de la orden y los rostros alborotados de la plebe y el dolor de los pocos que me quisieron, no alcanzan a enturbiar mi propia dicha. Desde el principio, tú me apartaste del mundo y ni virreyes ni obispos ni oidores ni marquesas, igualaron mi contentamiento en la bendita cofradía. Y allí, Señor, para rejuvenecerme con tu fortaleza, me enviaste vientos de torbellinos, el relámpago de los demonios, la multitud de lenguas de fuego y azufre, las ratas que devenían piara maledicente o rameras cuyos sombríos aullidos evocaban el trueno y el alma interminable de los muertos sin confesión.

Pero un día, maldito como buitre que ayunta en matadero, plantaste en mí una visión aborrecible, un sueño informativo cuyas palabras aprendí sin comprender: "Los demonios que vences con regularidad se llaman *pulsiones de la libido*, a los dragones que enardecen tu soledad puedes decirles *traumas*, el amor por tu celda no es sino una vulgar *claustrofilia*, las alucinaciones que emergen desde lo profundo a la altura de tus ojos empavorecidos no son sino *proyecciones*". ¿Para qué, Señor, para qué se me explicó que Satán es, si algo, apenas un pozo inexplorado de cualquier espíritu, el *Inconsciente* de siglos venideros?

Tu mensaje, Señor, me arrebató el sosiego y las revelaciones incomprensibles me circundaron como un mar de vidrio o un océano de arrepentimientos. ¿Y quién, en esta capital de la Nueva España, será feliz sabiendo que no es el Maligno quien lo acecha sino profanos *ajustes de su personalidad*? Por eso te recé, Señor, rogándote que no me adelantases a mi tiempo, que no destruyeses mi credulidad con anticipaciones que devoran siglos. Y mi fe no retornó y por noches enteras murmuré los nuevos nombres que me fueron expuestos, y una tarde lo conté delante de mis hermanos de congregación... y heme aquí, Señor, semejante a un hacha encendida, roído y enredado por el dolor, incrédulo ante mis sensaciones, pero feliz porque esta destrucción me acerca de nuevo a ti y me permite reconocerte entre las llamas. Prefiero ser contemporáneo de mis lamentaciones y mis llagas y mis gritos agónicos, que visionario del día en que los demonios recibirán otro nombre, y pasarán a ser datos inciertos en la aritmética de la conciencia.

La desgracia que no vino sola

❖

Quizás fue su reputación equívoca o su modo de andar. Lo cierto es que el grupo le dedicó una expresión tumultuaria y la siguió en procesión de jadeos. Ella se angustió, quiso huir, fue sujetada, le rasgaron las ropas, la manosearon y cuando aprontaban sus viles apetitos... un estruendo. El sexo de la agredida desapareció, la zona prohibida se trasmutó en espacio límpido. Donde hubo provocación, quedó carne inmaculada, ajena a la vergüenza.

Los malvados corrieron empavorecidos. Ella recuperó la calma y reflexionó. El portento conocía antecedentes. Había ocurrido en Perú y en África, era notorio que a la misericordia divina le irritaban los escarnios y, para su dicha, no se cuidó de su himen precipitándola del alto risco al bajo suelo, o forzándola a clavarse un cuchillo o ingerir un veneno mientras declamaba a Santa Teresa.

"Aquí estoy, lisa, completamente lisa, sin sexo profanable." Pensó cuidadosamente qué hacer. ¿Salir y proclamar su castidad patrocinada? ¿Ofrecerle sus dones a la Virgen? Al hastío enorme que le inspiraba la vida conventual, se agregaba su leyenda de coqueta, interpuesta entre su palabra y la credulidad ajena. Por más que el cielo la hubiese guarnecido, los examinadores episcopales se llamarían a ultraje, con furor de aturdimiento: "Sólo un pacto diabólico evapora los orificios carnales. Lo que no es natural, es obra del Averno".

Resolvió silenciar la operación protectora, aceptarla como incitación a la enmienda, ser más sensata y procurarse un buen hombre. A poco, se casó como Dios manda, enmarcada por los azahares y la expresión radiante. En eso confiaba: en la noche de bodas los preservadores de su pureza le devolverían el sexo para no decepcionar el juramento ante el altar. No ocurrió así, no retornó la famosa raya y el marido la devolvió a la casa paterna. "Para cubrir la deshonra, se necesita un maquillaje mucho más hábil."

Encerrada en su recámara, se supo perdida. Había pasado mucho tiempo desde el milagro y ya no era oportuno referirlo. Con tristeza, dejó que se impusiera el rumor maligno: su cónyuge la había devuelto al comprobar cómo la liviandad atenta contra la doncellez. Y la burla pública agigantó el repudio.

Cansada de vejaciones, la virgen inevitable se mudó a un pueblo lejano, donde terminó sus días bordando y haciendo obras de caridad. En las noches se examinaba con rabia ingrata y desolada, y murmuraba llorando: "Sólo con trucos tan perversos puede el cielo preservar la honra en estos tiempos".

Cobrador de promesas

❖

Las sólidas

creencias se habían debilitado en la comarca y el lugar común fue realidad: la religión es cosa de beatas. Fuera de ese sector cromático (convenientemente enlutado), a nadie desvelaban obligaciones místicas, deberes parroquiales, puntualidades feligresas. Los sacerdotes hablaban ante auditorios casi inexistentes, y el ardor de los sermones languidecía.

Hubo consulta celeste. ¿Cómo provocar el retorno de la fe? Se divagó, se urdieron trampas, se sugirieron campañas especiales de promoción de indulgencias. Todo sonaba débil, inconvincente. Por fin, un arcángel (que no tenía fama de listo) habló: "Lo que pasa es que nunca les hemos demandado el pago de sus promesas, y ya es tiempo. Si algo caracteriza a esta región, es la emoción al pedir y la frialdad al recibir. Por eso se distanciaron, por creer que ya le habían tomado la medida al Orden Intemporal. Mercedes prometió gallinas si su hija sanaba de polio, José Manuel juró regalar unos toros si le extendían el latifundio, y Alberto certificó su viaje por la ciudad de rodillas si conseguía empleo. Nosotros no fallamos. José Manuel extendió sus tierras, la hija de Mercedes triunfó en el ballet, Alberto estuvo a punto de obtener empleo. Ellos ya se olvidaron, y es tiempo de exigirles".

La sugerencia pareció admirable y hubo general arrepentimiento por el juicio anterior sobre el arcángel. Se formaron dos comisiones, una para revisar ofrecimientos e incumplimientos, otra de visitadores diurnos (apariciones) y nocturnos (sueños).

Pero la gente se resistió y se consideró vejada. ¡Qué ocurrencia!

Ellos odiaban a los acreedores, no había ningún papel firmado y si la gratitud no era espontánea no valía nada. En todo caso, preferían darle otro uso a gallinas, toros, paseos de hinojos. Y no sólo se olvidaron de sus ofertas, sino que se negaron a volver a los templos.

Pero ahora no se trataba de reanimar la fe sino de cobrar deudas y se tomó la decisión de intimidar con trombas de azufre y tifones de granizo hirviente, y el humo ascendió de la tierra como descifrando el escondite de las especies. Los desobligados no tuvieron más remedio que pagar, a nadie le importó ya la sinceridad de las conciencias y nunca más se le permitió al ocurrente arcángel hacer uso de la palabra.

De cómo se malogró una gran hazaña

⁜

¿**C**ómo

acreditar a su raza en un siglo

que tan terriblemente mal la trataba? El indio Severiano concibió una estrategia fulminante: sería el primero en evitar la incertidumbre humana sobre el paso de los días, nunca lo sorprenderían la prisa o el retraso. Les daría una lección a quienes despreciaban a los indígenas, a esa "gente de razón" tan incapaz de encarnar el dominio del hombre sobre el tiempo.

Su insistencia y su destreza hicieron lo demás. Severiano se aprendió la hora de memoria, y en el páramo de una época atenida a las públicas evidencias de las auroras y de los ocasos, él supo con exactitud si ese sol agudo correspondía a las dos en punto de la tarde o si apenas faltaban veintisiete minutos para la medianoche.

Su hazaña –ni qué decirlo– fue ponderadísima. Todos le preguntaban y él respondía con loable engreimiento. El virrey le ponía trampas oscureciendo la habitación, los encomenderos rezaban a gritos y atropelladamente para causarle desasosiego, y el obispo dio en intimidarlo a la hora de la comida poniéndole en su plato manos cortadas de indios mentirosos. Y él, sin inmutarse, recitaba la hora exacta, sin fallar jamás.

No pasó mucho tiempo sin que la emoción se gastara. Autoridades y civiles se fastidiaron con un don tan carente de sorpresas. Severiano se aburrió ante la monotonía de la curiosidad y los elogios, y se negó a salir en un circo que recorrería la América. Al cabo de asombros y decepciones, resultó aún mayor el descrédito de una raza cuyo joven prodigio ocupaba su mente en tarea tan inútil desde el advenimiento de los relojes. Y la admirable proeza fue otro argumento en contra de la existencia del alma en los indígenas.

El Pecado que no conseguía
ocultar a su Penitencia

El ascenso.

La obsesión de aquel Pecado era el ascenso. Harto de su condición de venial, de incitar a mínimas desobediencias y leves rupturas de la Ley, aspiraba a la condición de *mortal*, a estrujar tierra y Paraíso con hazañas demoledoras y consecuencias espantables. En pos de su elevación jerárquica, el Pecado afinó técnicas, subvirtió y domó pesadillas, introdujo desórdenes en la Creación, infiltró lascivias minuciosas en besos infantiles, propició el desmayo de doncellas en los alrededores de los sátiros.

Mas por hábil que fuese el Pecado, no conseguía alejar de sí a su correspondiente Penitencia. Estaba siempre a su lado, visible, admonitoria, intolerante. El Pecado quería envolver como un vestido y la Penitencia acrecentaba su severidad; el Pecado cautivaba y la Penitencia desencantaba; el Pecado desataba coreografías que se amoldaban al cuerpo y la Penitencia inhibía a las probables víctimas.

Triunfo de la templanza, falla de la concupiscencia. A nadie se le antoja transgredir la norma si le presentan de inmediato la cuenta. Abandonado, desprovisto de glamour, el Pecado, en postrer intento de combatir su insignificancia, arreció encantamientos, ciñó senos y vientres con manos de elocuencia, mintió y exageró. Ejercicio inútil. No bien el Pecado pretendía una conquista, aparecía a su lado la sombra rectificadora, poblada de exámenes de conciencia, propósitos de enmienda, actos de contrición, anticipos del castigo.

"Así no se puede", dijo el Pecado y renunció a su empeño. Satisfecha, la penitencia presentó un informe y obtuvo el ascenso de *leve* a *muy atroz*.

La máquina que extirpaba deseos obscenos

❖

 N o hubo en toda la Edad Media hombre más deses-perado que Anselmo. Su angustia era interminable: ser un genio, una mentalidad portentosa ¡en época sólo apta para tenderos, clérigos y labriegos! Lo de menos hubiera sido ganar el favor de algún príncipe construyendo ballestas de repetición, fortalezas rodantes, pérfidas orugas de hierro, águilas mecánicas que demoliesen las ciudades enemigas. Pero la disposición de Anselmo era bondadosa y él desechaba cualquier ofrecimiento belicista.

Una noche de vigilia, la idea lo afectó con claridad irremediable. Dios, para singularizarlo como a ninguno, le encomendaba salvar a la humanidad de sus bajas pasiones, del aguijón de la carnalidad. El desafiaría a su atrasado siglo inventando una máquina capaz de borrar deseos obscenos y apetitos dolosos, que fuera a la raíz del maldecido instinto suprimiendo el laberinto en donde medra y se agazapa la concupiscencia. La idea le pareció como escudo resplandeciente y a ella dedicó años, estudios minuciosos de los modos y humores del hombre, perspicacias y entrenamientos.

Concluido el artefacto, Anselmo fue el primero en usarlo y el resultado lo cimbró. En un instante, huyeron de su mente y de su alma obsesiones y debilidades y sólo quedó un impulso de gracia. Procedía ahora el experimento general. Apoyado por el Cónclave, anunció las buenas nuevas y alquiló una gran sala. No se hizo esperar la primera remesa de solicitantes... *¡Sólo mujeres!* Y casi todas vigiladas por su confesor. Ya vendrán los hombres, pensó Anselmo, porque nada valen los deseos no compartidos y triste cosa es el hervor de un solo lado.

Las primeras clientas salieron extasiadas y beatíficas. Aunque no faltaron los calumniadores que le atribuyeron los resultados a la autosugestión, multitudes de damas y doncellas se vieron súbitamente libres de embriagueces, perturbaciones afrodisiacas, ilusiones fornicatorias, entrenamientos para la cópula. Y esa noche, la placidez reinó en sus alcobas.

Un nuevo orden amoroso. Las mujeres continuaron yendo con Anselmo y los hombres se desesperaron. Sus asedios no funcionaban, los reclamos antes victoriosos se estrellaron en semblantes dominados por la plenitud espiritual. Ávidos de vertederos para su gana, los hombres desviaron los anchos cauces de la Naturaleza y sustituyeron a las mujeres consigo mismos. En las horas en que la carne ignora el apaciguamiento, lo equívoco se tornó inequívoco, las simientes manaron de fisiologías sospechosamente parecidas, el placer despreció los mandamientos supremos y, entre movimientos espasmódicos, el prójimo fue deseado por su semejante. En las madrugadas, cada uno resultó el guardia de su hermano.

La felicidad de Anselmo fue muy efímera. Mientras perfeccionaba su invento, una mano desde los abismos y otra desde el aire coincidieron en su cuello.

El ángel y el demonio que citaron a una conferencia de prensa para explicar lo sucedido, juraron a nombre de sus respectivos poderes que ningún aficionado intervendría ya en el destino de la especie.

Pero el anuncio apenas se divulgó. Las mujeres siguieron en su ataraxia sublime, y los antiguos machos se revolcaron todavía más en la inmundicia. El género humano se fue aletargando y al fin desapareció de la faz del planeta. Gracias al genio de Anselmo, el Juicio Final se adelantó en varios siglos y esta fábula jamás fue escrita.

"Pero si tú surgiste para materializar la protección divina e iluminar las cabezas bienaventuradas", le recriminaba a un halo una voz desde las nubes. "No entiendo qué te sucede."

El halo no pudo responder. Aunque ciertamente creado para el esplendor de los cráneos benditos, nunca se había ajustado a su destino. En su trabajo inaugural fue círculo luminoso de un burro, animal terrestre si los hay. Luego constituyó la garantía de atracción de una gran piedra, alumbró la indiferencia de una planta y se posó sobre un presidiario que gracias a eso fue indultado (con la consiguiente aflicción de las tres viudas que su diligente mano fabricó la siguiente semana).

Errático y destanteado, iluminaba a hombres, bestias, cosas, pinturas, estacionándose sobre lo que fuera, menos sobre los santos genuinos, que gracias a su torpeza fueron disminuyendo en la comarca. ¡Desventuras de la vocación mística! Algunos de los hombres más abnegados, resentidos ante la falta de esa confirmación externa de sus dones, se dedicaron a la frivolidad. Otros, creyendo que el cielo había enloquecido, se burlaron atrozmente y acabaron en la impiedad, asegurando (entre risas) que se había modificado el sistema celeste de premiación en vida, para privilegiar a vegetales, animales y enemigos de la sociedad.

El halo era incontrolable. Se le encomendó brillar en torno a un noble varón que curaba leprosos y, en el momento de descender, lo hizo sobre un torvo sujeto que asaltaba ancianos. La multitud que contempló el suceso, guiándose erróneamente por las apariencias, lapidó al hombre bueno y paseó en triunfo al criminal.

Y el halo prefirió disolverse en la sombra
antes de propiciar el extravío de
los valores morales.

Por qué no ascendí a la cumbre de la montaña

Años de

fuego y viento, vasos de agua que sobreviven a la tempestad, tormentas que devastan los océanos y los estadios, días simultáneamente buenos y malos como escarceos de serpientes y alacranes, como bendición frutal y floral. Horas y minutos de la demolición de lo no creado...

El recuerdo de lo que pude haber sido me oprime, y me lleva a contarlo todo, sin ennoblecerme ni calumniarme.

El rumor, esa consolación de los dioses, no cesaba, y daba noticia del reavivamiento de las creencias. Al principio se habló, con evidente sorna, del diluvio de encantadores y magos y profetas que todo lo vaticinaban sin necesidad de palabras, acudiendo nada más a la mímica. Luego se esparció la leyenda de la invasión de falsos mesías que con tal de disimular se hacían acompañar de mesías auténticos. Más tarde, los comentarios fueron acompañados de testimonios: "Yo vivía entre las sombras hasta que al dar un paseo por Puebla..." El panorama me aturdía y me irritaba, ya aprendimos históricamente a convivir con la irracionalidad clásica, y es absurdo que el vacío de los credos políticos abra de golpe las puertas de una irracionalidad ubicua. Me aferraba como a un amuleto a mi desdén por el disparate, y procuraba ignorar el cúmulo de opiniones positivas en torno al ánimo de conversión.

Una tarde, mientras reflexionaba sobre la factibilidad de la materia, llegó a mi casa el alcalde de mi pueblo natal, al que no veía desde nuestra niñez común. Lo abracé, lo llamé por su apodo infantil (me falló desagradablemente la memoria), le invité un café y me dispuse a oírlo.

—Ernesto —me dijo—, estamos preocupados. El pueblo no tiene industrias, no hay inversionistas ni modo de atraerlos, los jóvenes huyen en busca de oportunidades, los viejos languidecen. En una palabra, el pueblo se acaba, es un montón de ruinas que ni siquiera inspira nostalgia. Por eso acudo a ti... Eres muy conocido en el país, y eres nuestro orgullo literario. Ningún otro podría ayudarnos a fondo.

—Tú dirás.

—Queremos que te regreses a vivir con nosotros, que te conozcan los niños, te recuerden los viejos, te saluden las viudas y las abandonadas. Luego, una noche te llegará la inspiración maravillosa y al día siguiente fundarás una religión.

No le entendí. Me parecía una broma sin sentido, y así se lo expresé.

—Nada de eso. Hablo muy en serio.

Le referí mi desapego teológico, mi total falta de carisma, mi aislamiento social que me impediría hacerme de seguidores. No aceptó mis argumentos.

—Mira Ernesto, acepta las nuevas circunstancias. Todo ha cambiado y el nuestro es un país plural que sólo admite la diversidad. Antes creíamos en la Unidad Nacional; ahora estamos convencidos de que cada cabeza es un mundo, y eso te explica en parte la explosión demográfica de nuevas religiones (en parte, nada más, también hay que reconocer la privatización extrema de los sentimientos). Si no ejercemos nuestro pluralismo lo perderemos. Órgano que no se ejerce se atrofia. Hasta aquí la justificación política y cultural. Pero además, te insisto, la situación del pueblo es desesperada, y tú tienes obligaciones morales con la comunidad que ha sido tu fuente de inspiración.

—No lo niego, y desearía contribuir en algo. Pero ya te expliqué por qué me es imposible.

—No te precipites. Para fundar una nueva religión no se requiere demasiado: una doctrina más o menos original (que se trabaja en computadora), señalamientos enérgicos en torno a la pérdida de religiosidad en los clericalismos existentes, textos básicos que conmuevan, selección adecuada de discípulos, aprendizaje de un idioma de alegorías, habilidad en la fabricación de anécdotas que suenen como parábolas... ¡y ya está!

Modifiqué mis argumentos. Si su diagnóstico no fallaba, fundar una religión no era difícil, y por lo tanto, no era estimulante. Ser guía de multitudes hipnotizables en un parpadeo no tenía chiste y, además, yo sólo creía en la sobriedad mística. Mi amigo me contempló con incredulidad.

—¿Qué te pasa? Te hablo de la pluralidad de creencias y me respondes con necedades y menosprecios elitistas de la fe de las masas. Te insisto. Por el patrimonio inicial no te preocupes. Te proporcionamos los primeros discípulos, algunos muy listos, otros muy candorosos; algunos de figura recia y curtida, otros, efebos proclives a cualquier regazo. En el pueblo vive ahora un teólogo que te confeccionará la doctrina que se precise, aunque te anticipo lo obvio: por razones de tiempo, será una síntesis de las más conocidas (incluido desde luego el budismo). En cuanto al carisma, ni te apures, para mí, y no te lo digo por halagarte, posees el indispensable. No impactas pero no eres invisible; no deslumbras acto seguido, pero tampoco bostezan en tu cara. Debías ver, si quieres mejorar tu autoestima, los niveles de pesadez de algunos de los fundadores de credos recientes y de muchos de los representantes de los credos antiguos. Y sin embargo, aseguran el éxito si cuentan con infraestructura de apoyo, un buen equipo de relaciones públicas y manejadores de imagen. Y eso lo tendrás.

❖

Prometí darle en dos días la respuesta definitiva. Pasé la noche en vela y en las primeras horas de la mañana salí a dar una vuelta. La ciudad, que ya sentía en plena decadencia, vivía a partir de la pluralidad de convicciones un renacimiento admirable, del que sólo ahora me percataba. Por doquier la fiebre de la industria de la construcción. Vigilados por jóvenes de rostro extasiado, arquitectos y albañiles levantaban los templos en donde refulgirían las variadas respuestas y conminaciones a la indivisible y fragmentada grey. En las esquinas se dejaban ver figuras claramente apostólicas y apocalípticas (toda barba florida anticipa el fin del mundo), seguidas por pequeñas turbas de prosélitos y por grandes conjuntos de reporteros de prensa, radio y televisión.

La ciudad estaba irreconocible. Me encontré a conocidos y amigos y por la índole de su respuesta (el tiempo que tomaban en volver elocuente el saludo trivial), supe de inmediato si eran seguidores o fundadores de credos. Si hacían una pausa mortal entre cada palabra eran fundadores; si contestaban rápido y con la vista clavada en el suelo o en el cielo eran prosélitos. Los que pertenecían a una doctrina nueva hablaban más rápido, los adheridos a las tradiciones hacían pausas rencorosas. Tomé mi decisión. No aceptaría. Quiero mucho a mi pueblo, y creo haberle dado resonancia internacional al transfigurarlo míticamente en mis novelas, pero no lo salvaría a costa de mi congruencia intelectual. En eso estaba cuando me topé con el ironista orgánico de la ciudad.

—¿Cómo andas? —le pregunté, ansiando que no me lanzara uno de sus célebres gruñidos y se apartara de inmediato.

—Me encuentras en la primera racha de optimismo de mi vida. El país se levanta. Es el gran renacimiento nacional, el inminente fin del subdesarrollo.

—¿Y cómo te explicas el fenómeno?

—Eso da igual, y se lo dejo a articulistas y sociólogos. A mí lo que me importa es el ánimo de la población que se pasa el día convirtiéndose y reconvirtiéndose, propagando sus nuevos idearios, recuperando las emociones litúrgicas que nunca tuvo en la infancia, revisando sus tradiciones, enmendando su comportamiento, arrepintiéndose de lo que ha hecho y de lo que no ha hecho. Nunca creí atestiguar el día en que mis compatriotas se hicieron a plazos módicos de una conciencia espiritual... Fíjate. Me informan los enterados que es tal la fuerza de la religión informal que la religión organizada, iracunda ante la toma de las calles, y temerosa de que le secuestren el mercado, ha inventado sobre la marcha algunos cultos subterráneos y ha enviado a dirigirlos a varios de sus mejores hombres. A lo mejor son calumnias, a lo mejor no... ¡Ah! A propósito. Si piensas en fundar alguna religión, mejor te apuras porque el gobierno ha encarecido y restringido los trámites legales. La ley de la oferta y la demanda, ya sabes.

Me despedí del ironista, empeñado en pulir el aforismo que no le salía y me encaminé al estacionamiento. El ruido de la ciudad era desquiciante y con todo aceptable, podría decirse que casi armonioso. De las ventanas se desprendía la batahola de los músicos, que componían y arreglaban con gran velocidad los himnos destinados a encauzar el fervor de los adeptos. Los sastres producían batas de lino blanco, capas negras, camisas de los convictos del cielo. Las imprentas se anegaban y los impresores desaparecían tras la montaña de libros devocionales. La economía se reactivaba en serio.

✜

Tomé el auto y enfilé hacia mi casa. Aceptaría sin duda. Era la oportunidad de intervenir en el milagro económico que sacaría a flote al país y a mi pueblo. Eso pensaba cuando se produjo el accidente. Unos me dijeron que fue provocado. No lo creí y no lo creo. Los seis meses siguientes los pasé en el hospital, y a cada cambio de vendaje sufría por mi destino cancelado: no me tocaría fundar una nueva religión, no urdiría liturgia alguna. En las calles el entusiasmo de las conversaciones seguía y se acrecentaba, pero ya todas las licencias de nuevos credos se habían concedido.

El misterio (teológico) del cuarto cerrado

Costó enorme trabajo abrir la puerta, y si con hachazos y voces, insistieron los soldados, sosteniendo su temblor con plegarias, se debió a los hedores que herían el olfato como manada de aberraciones. Al entrar al cuarto, el capitán y los sacerdotes que lo acompañaban se consternaron: allí, de bruces, con señales de encarnizamiento en la espalda, y el rostro difamado por el visaje más horrendo hasta entonces visto, se hallaba el dueño de la casa, don Alonso de Bilbao, comerciante en telas. Y el escenario no podía ser más triste: un camastro, unas tablas con ropa, una mesa desértica, una silla, un grabado. Ni un libro, ni una flor, ni un cuadro. Y a la certidumbre del asesinato, otra se añadió al instante: el cuarto estaba cerrado por dentro, a piedra y lodo, no había ventanas que propiciaran la fuga, ni puertas ocultas que diesen a un pasadizo decorado con fetos de monjas. Y vino en el acto un conocimiento agregado: nadie visitó al prestamista la última noche que se le vio con vida, y resultaba por entero imposible abrir el cuarto desde fuera, salvo que se acudiese a medidas extremas, que es de suponer dejan huella como los hachazos de los soldados.

A fuer de sinceridad, la muerte de don Alonso no

causó pena alguna, muy por lo contrario. Sin faltar-
le el respeto a los difuntos, el desaparecido era un
prestamista horrendo, el Príncipe del Agio. A él se le
atribuían innúmeras desgracias, muchas viudas
le debían su condición, por lo menos la mitad de los
niños que pedían limosna lo hacían a causa de sus
maquinaciones. Pero si el asesinato era más que
entendible, las circunstancias ofuscaban. Eran demasiados los que ansiaban eliminarlo, pero ningún
ser humano había podido hacerlo. ¿Quién empuñó
entonces la daga exterminadora?

⁜

En pleno siglo XVII un enigma indescifrable. En la
ciudad sólo se hablaba del exterminio del avaro, un
asesinato perfecto a costa del ser más imperfecto
concebible. Obligado a hacer algo, el virrey le
encargó el proceso al oidor don Juan de Valenzuela,
hombre de luces varias y virtudes todas. A lo largo
de meses y días Valenzuela ahondó en los hábitos
del bruscamente fallecido, y supo de su aborrecimiento del mundo, de su desagradable austeridad,
de sus sirvientes que sollozaban de hambre, de su
dinero escondido en el Arzobispado. Pero ninguna
pista en concreto, ningún deudor todopoderoso,
ninguna forma de violar el cuarto cerrado.

En el transcurso de la pesquisa, Valenzuela llegó a
detestar vívidamente a don Alonso de Bilbao. ¡Qué
ser más innoble, qué desperdicio de la Creación!
Merecía con creces su exterminio, ¿pero cómo había
acontecido? En la frustración, acudió el oidor al
supremo recurso: imitar la experiencia del difunto.
Y así se hizo. Primero unos sacerdotes bendijeron el
espacio sangriento y celebraron misa. Luego, arma-
do hasta los dientes, y cubierto por las cruces que
ahuyentarían el mal, Valenzuela se encerró en el
cuarto, atrancándolo por dentro, en seguimiento

exacto de los recelos de Bilbao. Y para tener al tanto de su situación a los soldados y los curas del otro lado de la puerta, el oidor rezó en voz muy alta, con parsimonia y piedad que arrullaban... hasta que un grito de agonía se esparció como piedra en el estanque, concitando el pavor. "¡Tú! ¡No puedes ser tú!", fueron sus últimas palabras. Se apresuraron a forzar la puerta y allí estaba don Juan de Valenzuela, con el semblante empavorecido, hecho pedazos por la furia criminal.

❖

"Obra del Averno", dijeron todos en las calles mientras se santiguaban. El miedo se instaló por doquier, y nadie se atrevía siquiera a pasar frente a la residencia de Badajoz, ya inhabitable. Y el Señor Obispo, en una de las sobremesas interminables que lo afamaban, planeó la estrategia insuperable: la Prueba de la Convicción. La Alcoba Asesina, como ya se le nombraba, sería el laboratorio de la fe, el cementerio de hipocresías y de mentiras. Si la religión siempre necesita de la ejemplaridad de los creyentes, ninguna prueba tan conveniente como la permanencia en ese cuarto. Uno por uno, y entre alaridos y alardes de resistencia, allí se condujo a los sospechosos de herejía, a los marineros luteranos capturados en combate, a los ricos acusados de judaizantes, a los de convicciones pálidas y rezagadas. El Señor Obispo estableció el criterio: si el internado en la alcoba era hijo de Astaroth, su padre habría de protegerlo y, a su salida indemne del sitio, ya podría ser juzgado sin clemencia. Si no, Dios le tendría en cuenta su sacrificio. Y en cada uno de los casos sucedió lo mismo: rostros lívidos al entrar al aposento, silencio de minutos o de horas... y ayes súbitos, plegarias interrumpidas, forcejeos... Y al entrar religiosos y soldados, con despliegue de cruces y de espadas, el mismo espectáculo: un cadáver de facciones convulsas.

O el demonio era tan astuto que deseaba ver a sus criaturas enterradas en camposanto, o en verdad no eran sus hijos.

⁘

En los primeros meses, el asunto no le dijo nada a Fray Abelardo de Guzmán. "Vanidad de vanidades", se limitaba a murmurar, cuando le comentaban otro deceso. "¿Para qué arriesgar la vida en el lugar en donde convergen todas las miradas?" Sin embargo, algo había en la serie de crímenes que obligaba a pasarse las horas intercambiando anécdotas mínimas y repitiendo frases. Y una tarde, mientras rezaba, Fray Abelardo oyó un sonido del cielo, que fue aclarándose hasta volverse voz: "Todo está en *El libro del escrúpulo justo y el hastío pecaminoso*. Revísalo".

Guzmán se levantó de un salto y, estremecido y lloroso, corrió a la biblioteca del convento. ¡Claro! ¿Por qué no había pensado en ese texto predilecto, justamente llamado "El Manual del buen confesor". Aunque se lo sabía de memoria, lo revisó línea por línea, encontrando de nuevo el ánimo inflexible que convocaba a la expiación a los justos, y a la hoguera voluntaria a los pecadores. Horas fueron y vinieron, y la lectura no aportó la solución. Y con todo, allí, en esas páginas tan amadas, se concentraban el nombre del victimario y sus métodos, porque resuenen como resuenen, las Voces de lo Alto tienen algo en común: jamás mienten. Y, a diario, Fray Abelardo visitó la biblioteca, ya convencido de la cercanía de la meta: en algún abrir y cerrar de intuiciones, *El libro del escrúpulo justo* develaría su secreto. El espanto, se dijo, es la antesala de lo nuevo. El fin de los delitos es el principio fundador del confesionario.

Tarde a tarde, Fray Abelardo escuchó las palabras irrefutables: "Todo está en el libro. Y además, tú ya lo sabes". Pero la obstinación no era suficiente, y la clave iluminadora no aparecía. ¿Qué hacer cuando, al mismo tiempo, Dios nos ilumina y nos oscurece el camino? El religioso estaba al tanto de los poderes de la oscuridad, pero seguía sin localizar la frase que los aniquilaría. Durante una semana, ante el clamor público, el obispo pensó en incendiar la casa de Badajoz, pero Fray Abelardo lo persuadió. "Eso es rendirse ante Belcebú." Y obtuvo para sí la última oportunidad.

El Te-Deum fue extraordinario. Asistieron el virrey y prácticamente todos los sacerdotes de la ciudad de México. Fray Abelardo fue ungido en ceremonia especial, los superiores de su orden lo aprovisionaron de crucifijos bendecidos por el Santo Padre, y el mismísimo Obispo lo abrazó. Y a su encuentro con el enigma lo aprovisionó la Iglesia debidamente. ¡Qué conjunto de objetos sacros para protegerle: cálices, hostiarios, crismeras, patenas, sagrarios, copones, lámparas, tercerillas, navetas, manifestadores, aureolas, custodios, estandartes, palmerines, platos petitorios, coronas, potencias de rayos luminosos, relicarios...! Los objetos de salvaguardia se fundieron en un solo resplandor, que extirpó cualquier terror en los presentes.

Al entrar al cuarto Fray Abelardo rezó un Ave María. Luego, como sus predecesores, lo roció de agua bendita, y con gran valentía lo cerró por dentro. Estaba completamente solo, como nunca lo había estado en su vida, como si la Creación no hubiese ocurrido jamás o estuviese por desencadenarse. Examinó el aposento con avidez, queriendo extraer los secretos con el puro forcejeo de la mirada. En la primera hora nada ocurrió, y el silencio nada más profundizó el ruiderío de sus sentimientos. De pronto, al fijarse en la única imagen del cuarto, en el grabado de tema tan inocuo, Fray Abelardo hizo memoria. ¡Desde luego! Ésta era la cita, y allí estaba la clave. No se trataba del demonio, ni mucho menos, sino… En ese momento, impulsada por una rabia sarcástica, la daga le entró por la espalda, la primera de muchísimas veces.

El rezo desobediente

❖

S e arrodilló

a rezar con denuedo. "Concédeme, Señor,
atisbar tu gloria." De golpe, algo se desató en su in-
terior. Al reanudar la plegaria la sensación fue más precisa, su lenguaje se distanciaba de él, le era hostil o indiferente, no respetaba
sus intenciones. Quiso decir "Dios te salve..." y escuchó, con voz
que era la suya, atrevimientos y desfachateces, bonito abanico el de
la marquesa, pésima la comida y deplorables sus resultados inme-
diatos, qué necio el Padre Prior que en cada perorata nos obligaba a
mandarle mensajes recordándole el fastidio de la grey ante su ver-
borrea.

Hizo otro intento y la oración necesaria tampoco se produjo. Sus
palabras exaltaban los pensamientos que él nunca había tenido y las
apetencias que más detestaba. Intimidado, suspendió las preces, des-
cendió al susurro, y se insultó llamándose cretino, pervertido y cosas
peores.

Al día siguiente ya le amedrentaba la idea de rezar de modo audible. Su conversación aún le obedecía y lo forjado en su mente emergía
textual, fluido, dócil. Pero en el ámbito devocional, los vocablos se
atropellaban con acentos inicuos y sarcásticos. Deseó rendir culto a
Santiago Apóstol y acabó divulgando vergüenzas de la vida conventual. Se postró ante San Antonio para suplicarle la adecuada guianza
de las jóvenes y nada más le refirió su enojo por no haber desflorado
a su prima y su entusiasmo por los senos de la marquesa.

Pensó en cortarse la lengua, en cercenar el vehículo de la malicia.
Lo contuvo su amor por el canto llano, la fruición que le provocaban

los ecos de su voz bien timbrada alabando los misterios. Se desesperó recordando que al siguiente domingo le tocaba explicar las ventajas de la sumisión y la resignación.

Ensayó en su celda. Todo inútil. Apenas se concentraba en la declamación de la doctrina, sonaban con estruendo (o así él lo presentía) sus citas levantiscas y cínicas. Quiso reconocerle a San Hipólito su gloria irreprensible, pero sólo le contó chismes de solteronas que se fingían adúlteras y de viudas que alegraban su luto. Horas después, desvencijado, se sintió reo de maldad juzgada. Él, quien juró que sus labios sólo proferirían sabiduría, aguardaba convulso la siguiente frase. Su garganta se había convertido en un cepo del mal.

En la mañana temida, alegó males y quebrantamientos. Nada le valió: "Así sea muerto, tú hablarás". Enfermo de temblores, recorrió la gran nave, evocando su intento de esa madrugada, cuando la oración anhelada se tradujo en un elogio ambiguo de la afición del virrey por los jovencitos. Lívido, ascendió al púlpito, mantuvo la vista en alto, y se preparó a la catástrofe... Pero su fervorín emergió exacto, limpísimo. ¡Era, de nuevo, el dueño de su habla! Se contuvo para no llorar de gratitud y abrazarse al madero. Casi al concluir, examinó a su auditorio y percibió los rostros de ira y los murmullos de encono, y supo que la causa no era su homilía, tan nítidamente dicha. En ese momento reparó en el libre albedrío de sus manos, en las figuras que sus manos trazaban, en las gesticulaciones impúdicas y obscenas que negaban y difamaban el provecho virtuoso de su sermón.

El placer de los dioses

⁘

El nativo

fue terco hasta el final. De nada valieron las íntimas persuasiones de tenazas, azotes y levantamientos de piel. Él perseveró en su falso dios, Yoalli-Ehécatl, o Tezcatlipoca, demandó su presencia y le exigió venganza (al menos esto nos dijo el intérprete, cuyo nombre cristiano era Cristóbal, de cuya lealtad nos fiábamos y quien, con gestos de horror, nos transmitía las iniquidades).

No olvido la escena. El potro, un pequeño hornillo, los rostros solemnes, el aroma podrido de la carne, la fétida mazmorra, y el indígena hablando en su lengua no apta para venerar a la Santísima Trinidad, inservible para explicar –sin cometer graves disonancias e imperfecciones– los misterios de la Gracia y el Perdón. Él –se nos informó– le avisó interminablemente a Tezcatlipoca de los secretos de su corazón y lo llamó el dios favorecedor y amparador de todos. Furioso, el intérprete lo contradijo, lo conminó a la retractación, le aseguró que Yoalli-Ehécatl era una impostura, caverna de hediondeces y disparates, y que él, Cristóbal, nuevo y ferviente converso a la verdadera religión, lo desafiaba: "En vano me intentarás dañar, Tezcatlipoca. Esta cruz me protege..."

El blasfemo se empecinó y a los intentos de conversión respondió con ira en su idioma velado para nuestra comprensión. Y leímos en su mirada desprecio, odio y amenazas directas al traductor.

Al cabo de horas de forcejeo instrumental sobre su cuerpo, el hereje expiró sin que ninguno de los presentes nos santiguáramos siquiera. A la mañana siguiente, unos enviados del obispo buscaron en

vano su cadáver. En su lugar se erguía una mole de piedra de procedencia absolutamente demoniaca. Era el inmenso dios de las confesiones, el ídolo abominable, Tezcatlipoca. Todos acudimos a verlo y se
habló de un postrer intento de los salvajes por restaurar sus cultos.
Hubo conmoción y rumores, y por ser Cristóbal el indígena más al
tanto de movimientos y accesos al edificio, se le consideró sospe-
choso, se puso a prueba su resistencia a la confesión y semanas después, no obstante sus mentirosas negativas, se le
ajustició como es debido, mientras gritaba y aulla-
ba en lengua entendible para los creyentes:
"¡Te vengaste, Tezcatlipoca! ¡Olvidé
que eres un dios verdadero!"

El tesoro de Moctezuma

Eran los

días últimos de Tenochtitlan.
Crepitaban las flechas y volaban de un
oído a otro los augurios. Frente al teocalli alguien
repetía lúgubremente: "Con esta triste suerte nos
vimos angustiados". Los cadáveres se ordenaban en
túmulos piramidales, y el mismo Templo Mayor
parecía un difunto de forma caprichosa. Axoyotzin,
el más confiable de los leales al emperador Moctezuma, fiel como un cuchillo de pedernal, buscó a su
amo. No era fácil hallarlo entre ruinas, incendios,
ayes de incomprensión y dolor, y gente que corría
sin cesar, en círculos. Los arcabuces y la peste diez-
maban.

Guiado por el instinto, en la madrugada teñida de
sangre, Axoyotzin encontró al emperador: "Señor,
os suplico. Sé de un sitio seguro para ocultar el tesoro, que jamás debe caer en manos extrañas. Es una
cueva que nadie ha entrevisto siquiera, en el cerro
que nunca se visitará. Confiad en mí. Llevemos el
tesoro de inmediato". Moctezuma, vacilante como
era, pareció dudar pero se convenció ante el número de muertos y el sollozar de las mitologías. "Está
bien. Vamos."

La noche siguiente, unos cuantos acompañaron al
monarca. El tesoro era, en efecto, portentoso, de un

brillo perturbador, alucinante. En el largo viaje hacia el cerro, Axoyotzin observó la expresión acongojada de Moctezuma, su sensación de falta ante el pueblo. Luego, cuando mataron a sus acompañantes para certificar la discreción, Axoyotzin advirtió por vez primera en mucho tiempo una expresión de felicidad en el rostro del emperador. Contento, lo condujo de vuelta a la ciudad sitiada y a su palacio. Y escapó, para no compartir un destino que se anunciaba histórico.

En su pueblo, Axoyotzin no dio explicaciones de su regreso, y nadie se las solicitó porque en las épocas de cambio histórico la curiosidad se restringe. Trabajó la tierra, y sembró de referencias aciagas su conversación, y aun se dio tiempo para tener hijos. Y en las noches, o aun de mañana, un puñado de imágenes lo asaltaba: las joyas bellamente labradas, la caída de los tejos de oro a los que de inmediato cubría la tierra, Moctezuma ajeno a palabras y lágrimas, los enterradores desprevenidos que les mostraban la espalda, el rayo que acentuó la lividez de los semblantes al desaparecer la cueva de la vista más penetrante.

Desde ese día Axoyotzin sólo conoció un pensamiento: el tesoro costearía la resistencia armada y repondría en su sitial a los dioses.

Murió el emperador Cuauhtémoc y, un tanto a la fuerza, los vecinos y los familiares de Axoyotzin fueron traicionando los ritos de su pueblo. Él fingió, se arrodilló con lágrimas de furia, asistió a la Doctrina, y persistió en los sueños de revancha, en el día del exterminio de la falsa religión y sus enviados.

Un día, su hijo le anunció que en verdad creía en el dogma de los invasores, y que pensaba hacerse sacerdote. Angustiado, sin decir palabra, Axoyotzin sintió llegada la hora de extraer el tesoro y propiciar la vuelta de los suyos.

La noche del sábado, en la fiesta dedicada por su

pueblo al santo recién impuesto, Axoyotzin, nervioso, desesperado, tomó pulque en demasía y bailó y pensó en todas las metáforas que las flores consienten. En la madrugada, harto del silencio, le confió a su interlocutor la cuantía del tesoro y le describió con minucia el sitio del ocultamiento.

En la tarde siguiente, cuando se despertó y en algo dominó el aturdimiento de su cráneo, Axoyotzin no consiguió recordar el nombre de su confidente. El pánico lo envolvió como las yerbas al rocío. ¿A quién le habría entregado el secreto de su pueblo? ¿Quién sería el delator o el avaricioso que segaría su vida? ¿Lo detendrían para torturarlo, o lo matarían al ir a extraer el tesoro? Y el pavor lo aturdió y lo enloqueció y no lo dejó comer. Se encerró sin ver a nadie y semanas después murió literalmente de hambre.

Y el desconocido, que no era tal, sino su hermano, se preguntó: "¿Qué me habrá contado Axoyotzin esa noche?" Porque él bebió tanto que no recordaba una sola palabra.

Convencida de la importancia del acto, la orquesta típica no se daba tregua, y sólo interrumpió su algarabía para subrayar con una tregua simbólica la entrada del caudillo. En unos cuantos segundos, la presencia del Presidente electo colmó el restaurante con la generación espontánea de pistoleros y políticos y periodistas y ayudantes y meseros. A José, inmovilizado junto a una de las mesas, el ritual lo perturbó al extremo. La reelección del Impío crucificaba de nuevo al pueblo, todo tendía a empeorar, México estaba a punto de perder su religión. Pero el arbitrio de Dios es siempre sabio, y a él le tocaba enmendar los yerros de otros bienaventurados, de los que habían fallado en los complots, de los que no conseguían ganar la guerra de Cristo Rey.

Lo supo con certidumbre el día de la fiebre inesperada, que no cedía a remedio alguno, de los temblores como signos de la Providencia en la frente: lo suyo era la gran misión, a él le correspondía ese disparo que iluminaría las rutas de la doctrina y desharía de un tajo las redes del ateísmo y la profanación... Vaciló un momento, y para reafirmarse se tocó uno de sus escapularios, albergado en la pequeña custodia de plata en donde venían la hostia sin consagrar y la estampa de María Santísima. Sí, su espíritu se hallaba pertrechado, lo menos que se le exige a un devoto de la Eucaristía y de la comunión incesante. ¿Y cómo no prepararse, si ésta era la empresa de su vida, la coronación de sus andanzas? Ajeno al bullicio, repitió su consigna: No hay que defenderse, una vez cumplido el exterminio del gran prevaricador. Ya había anotado en su libreta: "Golpes y la muerte inme-

diatamente. Que me coman vivo y me tachen de asesino y la ejecución". Dios, que nos conmina, no quiere de sus hijos la ostentación del
sacrificio, y él, José, no quedaría mal con el Señor y su Madre Amantí-
sima. Su fe le prohibía amedrentarse, y su fe lo autorizaba a resistir a
los suplicios.

La empresa divina encomendada al hombre debía culminar en el
instante. José rezó en silencio por su mujer y sus dos hijos pequeños,
y por su madre, que le había inculcado el fervor, y que aquel día
memorable hacía meses, leyó en voz alta la carta pastoral del arzobispo de Durango, José María González y Valencia: "...A nuestros
hijos católicos que andan levantados en armas por la defensa de sus
derechos sociales y religiosos, después de haberlo pensado larga-
mente ante Dios y de haber consultado a los teólogos más sabios de
la ciudad de Roma, debemos decirles: Estad tranquilos en vuestras
conciencias y recibid nuestras bendiciones". Del ayer, José pasó al
hoy, revisó los hechos de la mañana y se asombró de su suerte. En el
segundo restaurante que visitó, encontró la comilona. Entró sin dificultades, y se fue a la cantina a tomar una cerveza; luego, en el baño,
extrajo la pistola, le quitó el seguro y se la puso junto al pecho,
cerrándose el saco para que no se le notara. Ya en el jardín, se acercó
al comedor central.

El espectáculo lo maravilló a pesar suyo. A muchos de estos perso-
najes, tan ufanos, los conocía por su foto repetida en los periódicos.
Eran los secuaces, los opresores directos. Luego, se estremeció. Aquí,
a su alcance, en medio del ir y venir de las canciones campiranas y los
platillos y las bebidas, el Execrable sonreía y lanzaba comentarios.
Tradujo a la lengua de los redimidos la orden suprema que lo convocaba: el Caudillo debe morir para que México regrese a la vera del
Señor, los justos se liberen de su angustia, y en algo se compense a los
fusilados y a los ahorcados en los caminos, a los expulsados de su
patria, a los que perecieron defendiendo los templos y los cálices, a
los que rezan en las penumbras de los sótanos. Con un esfuerzo
inconcebible de la voluntad, José no permitió que las trepidaciones
del restaurante –el delirio de los asistentes, el vendaval de los triun-
fos, los olores de comida y bebida– afectasen el ritmo de sus plegarias. Abstraído, insistió en las exhortaciones. *Por fin, Madre, aquí está el
amo de la perversidad, al alcance de la ira justiciera. ¡Tuya es la venganza,
Oh Dios de los Macabeos! ¡Oh Dios de la justicia que sólo la sangre apaci-*

gua! ¡Oh implacable Señor de los ejércitos! Te lo he dicho y te lo repito: si necesitas alguien para esta misión, cuenta conmigo, nada más infúndeme valor y prestancia.

José extendió el brazo en forma mecánica para que desde lo Alto lo viesen y aprobasen su acción y su propósito, y bendijesen su puntería y su arma, consagrada a Dios hacía unos meses, en la misa secretísima en la calle del Chopo. La imagen evocada lo calmó. ¡Un episodio digno de las Catacumbas, digno de los primeros conversos, se repetía en el año 1928 de nuestra era! Lloró cuando le entregaron el revólver, con la emoción de lo más apreciado por más inmerecido, con la gratitud de aquel en cuyas frágiles manos recae el exterminio del pecado. A la misa siguieron la preparación específica, las semanas de espiar la entrada y salida de automóviles en la residencia del Nefando, las horas y los días de leer o de abandonar la vista por horas en la misma página de un periódico, de convertir la calle en un hogar a la vez deshabitado y pletórico, de certificar con asco la costumbre de los políticos de emborracharse y banquetear en sitios infestados de mujerzuelas.

La orquesta tocaba *El limoncito*, la canción predilecta del ser horrendo que gobernaría otra vez a la nación martirizada, José contempló sus dedos, creados y accionados por el Señor, y se sintió asfixiado por el bullicio y zarandeado por el fluir de juramentos de amistad que incluían a pistoleros y meseros. En el mareo, creyó ver a su mano rebelándose contra su voluntad. Luego se tranquilizó.

Los ojos verdes del Tirano chispeaban a cada nueva adulación. Recibía abrazos y felicitaciones, su reelección es la de todos nosotros, el país, General, se amerita con estadistas de su talla. El Tirano reía y a José su risa le provocaba irritación desmedida, la que crea la burla del dolor de los justos. Al punto del desmayo, aferró con la izquierda su mano derecha y vislumbró el plebiscito de los inmarcesibles, el aire dolido y sofocante de los templos vedados al culto, el clamor de las generaciones de creyentes. Repitió la consigna de otro hombre en una circunstancia parecida: *Sic Semper Tyrannis.* Se acercó a la mesa principal y abanicándose con su libreta abordó a los testaferros del Maligno, y les pidió permiso para dibujarlo. A regañadientes se lo concedieron. Trazó con rapidez varias caricaturas, una del director de la orquesta, dos de los acompañantes y dos del general, y se las envió. El Demonio Encarnado exclamó: "¡Hombre, son excelentes!", y se rió y seguía conversando. Así nomás. Sin poderlo evitar, se sintió halagado por el encomio; de inmediato, se censuró a sí mismo. ¿Cómo él, un creyente, se dejaba llevar a la vanidad que es interposición del mundo, se replegaba al territorio del arte que es asunto profano, y aceptaba los elogios del más grande de los enemigos, el generalote que se disponía a seguir diezmando la vida espiritual de la Patria? Fue al baño, se lavó la cara con energía vindicativa y regresó. Esta vez no tuvo que solicitar el permiso. Nada más lo vio el general, le indicó que se acercara. Y él, castigando su alma, afinó la línea.

El caudillo se exaltó.

—¡Artista, usted de veras es un genio!

José observó con sorpresa a la Bestia Apocalíptica...

❖

Y ésta, hijo, es mi historia. El general, el hombre excepcional a quien curas y beatas acusaban y vejaban y difamaban sin motivo, sí que sabía de arte, y su confianza en mi talento lo llevó el día siguiente a becarme en Europa, de donde volví ya famoso. El resto tú lo sabes. Un loco, un fanático de la Liga de la Defensa Religiosa que no tuvo tiempo como yo de pensar las cosas, lo mató poco después a tiros en otro convivio. ¡Qué lástima! De nuevo en la Presidencia de la República, el general hubiese beneficiado de veras al país, por lo menos y de seguro al sector artístico. A mí por ejemplo me supo valorar, me cambió la vida y me instaló en lo que llaman, no sé si con sorna, la antesala de la Gratitud Eterna de la Nación.

No lo creáis

por fe, sólo por demostración. No tengáis duda ni os llaméis a engaño, ni dejéis que la indignación haga las veces de fantasía. Sí, vuestra mirada no os engaña. Son siervas de María y custodias del Cáliz las que gimen, se azotan, se lamen unas a otras las heridas como si absorbieran lo deleitoso de las culpas, invocan a Belcebú y Astaroth, se ríen ante el altar, juegan a risotadas al vicio de la cópula, libran batallas de espumarajos, se frotan entre sí con arrimos de pedernal, le imprimen a su lascivia las cadencias del ángelus.

Lo que véis es lo que existe, Fray Ordorico. Son monjas estos seres usurpados y violentados por el demonio, que desnudan los senos para afrentar los nichos, hacen del llanto risa placentera, le rezan a San Príapo, se recatan súbitamente y musitan canciones de cuna, ruedan por el piso con languidez o exasperación, se abrazan como untándose el placer a golpes, le agregan a sus hábitos cintas de seda y arracadas, se aturden con gemidos que despiertan jadeos, festejan sus meneos y descomposturas. Son o han sido monjas estas rameras súbitas.

Recordad vuestra misión y no vaciléis. Os envía el Santo Oficio, "crisol donde se afinan y se apuran las verdades", a recorrer esta comarca pobre vigilando creencias. Os mandó aquí, donde nunca se miran procesiones de asombro ni vírgenes cuajadas de diamantes y oro, ni crucifijos de estupefacción, ni iglesias con espléndidos paramentos, plata labrada, telas, joyas, coros con tribuna volada y rejas de cedro y tapincerán; aquí, donde más falta hacen –es vuestra frase incesante– las amonestaciones del hierro y la ceniza, la disciplina que compense la miseria de los ornamentos.

Acordaos de vuestros deberes, Ordorico, regresad a la posada, escribid el informe, puntualizad el castigo para las meretrices de Satán, firmad, aceptad el sueño. El Señor vencerá, eso es seguro…

⁜

Volved a la vigilia con pavura y atended los aldabonazos, Ordorico. El mozo es enfático: "El párroco os aguarda con urgencia en la capilla". Vestíos, debéis hacerlo, y caminad aterido por las calles vacías. ¿No esperabais esto, reverendo padre, volver el mismo día al baile de langostas de Luzbel? Ahora lo recordáis y os santiguáis, cómo es posible que un convento entero abandone con vuelo tan horrendo la Verdad Verdadera.

No repitáis la sorpresa porque lo que véis también es cierto. Junto a las posesas, atendiéndolas con dulzura y patrocinio, se hallan los notables y los desconocidos del lugar, el militar y el anciano, el cura y el artesano, el alcalde y el mendigo, el abogado y la vendedora de aves. Y no hay respeto ni caridad en la mirada que os dirigen. Y aun en este instante no asumís lo evidente. ¿Por qué nunca, fraile entercado, clérigo de todas las postrimerías, creíste en las informaciones de los sentidos? Llegasteis aquí sin advertir la pobreza, la sequía encarnizada, el agotamiento de las minas, los semblantes conturbados. No mirasteis siquiera el gran movimiento de forasteros y la cantidad desproporcionada de posadas y albergues, ni anotasteis lo obvio: la región depende por completo de los viajeros, quienes –lo sabéis al fin al desprenderse la venda de los ojos del alma– acuden cautivados por los rumores de la furia sacrílega y aplauden cada noche los aquelarres, que se repiten si son muchos los que no pudieron entrar.

Aceptadlo no por fe sino por demostración. Si nunca os ha interesado lo que sucede alrededor, entended por lo menos las causas, de orden al fin y al cabo turístico, que no permitirán el envío de vuestra carta, que obligarán a estos seres pacíficos a rodearos con dagas y puñales, suprimiendo la misericordia de sus ojos y labios y persiguiendo, desdichado fraile, vuestra caída. ¡Admitidlo, por Dios!

Menos no se os puede pedir, Fray Ordorico, que lo comprendáis ahora, cuando ya sólo las veladuras del dogma os acompañan en la frenética agonía.

De las dificultades para ejercer el mayor de los dones

❖

Sin que

Esteban lo pidiese, el don le fue concedido. Eran tan complementarios sus méritos y tan numerosa su piedad, que se le otorgó el lujo inapreciable: resucitar a voluntad sin necesidad de esperar el Milenio, morir para luego abandonar la tumba como ejerciendo un reflejo condicionado. Y hallándose en ayuno y contrición del alma, recibió la buena nueva, encorvó su cabeza como junco, dio gracias y sintió colmada la hierba de sus días.

De la abundancia del corazón habla la boca. Esteban, abrumado por el honor, contó la promesa recibida, y el primer vecino lo abrazó, el segundo le besó la mejilla, el tercero se arrodilló ante él y todos le dijeron "manantial en el desierto", "relámpago venerable" y otras demostraciones de afecto cotidiano. Fue la noticia cual gotera continua en tiempo de lluvia y todos se felicitaron de no comparecer ante su Creador sin presenciar el espectáculo admirable de una piedra quebrantada, una tumba abierta, un sudario que se agita, y un hombre que se levanta de entre los muertos.

Esteban no tenía prisa alguna y prosiguió su vida acostumbrada. Poco a poco percibió el disgusto por su buena salud, y la acritud ante sus correrías para mantenerse en forma y conservar la agilidad de sus pasos. El rencor lo circundó como sequía al manadero de aguas. "No les daré gusto", se dijo. "Moriré cuando me dé la gana. Y para cuando resucite, ya muchos de estos necios habrán muerto. Sería arrogante el uso precipitado de semejante privilegio, y, además, no tengo por qué dar exhibiciones. Que se consignan a su Lázaro." Y acentuó las aficiones atléticas, no se desveló, abominó del alcohol y los placeres que acortan la existencia.

El odio en torno suyo se irguió como basilisco que da dolor. Y dieron todos en señalarle a Esteban su obligación primordial, prestigiar a la fe con un acto de resurrección. Para persuadirlo se desencadenaron los obsequios: vendas, sudarios, catafalcos, lotes en los panteones exclusivos, dotaciones del mejor mármol, esquelas diseñadas por los mejores artistas. Al perseverar el asediado en su indiferencia, se pasó de la exhortación a la conminación, y Esteban debió huir de arenas movedizas, estatuas voladoras, venenos ataviados como dátiles, puñales en forma de exterminio, vehículos alebrestados a su paso. Mudó su altivez de ánimo por el sudor y el escalofrío al menor ruido, guardó e inventó precauciones, se guareció en el insomnio.

Y la gente, en lugar de alegrarse ante tal habilidad o de sentirse culpable por desearle daño a un hombre piadoso, se irritó mucho y condenó su apego a la vida, señalando la cobarde incredulidad de quien, en el fondo, sólo de algo estaba seguro: una vez fallecido jamás retornaría.

Amigos y parientes lo abandonaron. Y Esteban dio en desesperarse pensándose traidor a la esperanza de un pueblo ansioso de resurrecciones, o, lo más frecuente, detestando a los suyos por interferir con su ánimo longevo. En la duda, se ablandó su corazón y murió de tristeza. Las multitudes se agolparon durante meses a la vera de su sepulcro. Pero Esteban, seguro de que nadie lo quería y de que nada valía la pena, renunció a su poder de volver entre los muertos y permaneció en la tumba para siempre.

Cambiadme la receta

❖

Ambrosio

y Gerardo eran inseparables. Desde fuera, su intimidad parecía tanto menos comprensible, cuanto que sus creencias eran opuestas. Hombre de fe, Ambrosio se desbordaba en oraciones y convicciones, veía en el "Dios mediante" no una fórmula hueca sino el sentido de su vida diaria. Agnóstico, Gerardo sólo admitía lo visible y concreto y desdeñaba la causa de símbolos sangrantes, vitrales iluminados por la media tarde y mensajeros de salvación que se presentan en vísperas de la merienda.

Su condición antagónica no impedía la estrecha convivencia, los alegatos de días enteros, el toma y daca de bromas y razones. "Convéncete, si Dios existiera, su imagen y semejanza sería la injusticia", insistía Gerardo, y Ambrosio, con suavidad, le refutaba apuntando con el brazo a los cielos: "¿Acaso se hicieron por su cuenta y riesgo? ¿Todo es fruto del azar?"

Una plaga intempestiva sorprendió de tal modo a los polemistas que murieron con segundos de diferencia. Pero Ambrosio, el virtuoso en acto y gesto, el convencido del devenir místico, sólo conoció la implacable metamorfosis de los átomos. No obtuvo la felicidad que no cesa a la diestra del pandero de Dios. La muerte fue su estación terminal. A su vez, Gerardo despertó entre las dulces vibraciones de la piedad y el estruendo de visiones radiantes. A su lado, todos se gloriaban en el Señor. "Así que finalmente existe un Más Allá", musitó.

Azorado, Gerardo supo, en medio de la barahúnda de los redimidos, lo que ya no captaría Ambrosio en la rueda sin fin de las elaboraciones de la materia. Treinta años de diálogo incesante los habían transformado sin que lo advirtieran, provocando su mutua conversión. Gerardo, movido en su sinceridad por la prédica de su amigo, encontró a Dios en la contemplación del firmamento; Ambrosio, persuadido por la severa racionalidad de su interlocutor, admitió la autogénesis de los seres y las cosas. Pero ambos prefirieron fingirse inconquistables para proseguir la conversación que animaba sus vidas.

Resurrecciones paralelas: mientras uno emprendió la interminable transmutación de las moléculas, el otro se agregó a la jubilosa compañía de los creyentes.

Con esa condición los perdono

✣

La conclusión

fue inapelable: el reino merecía castigo. Ya eran demasiadas iniquidades, mentiras y rapiñas. El turno era de las plagas y vino primero la extinción de todos los hijos terceros, surgió gran clamoreo, la dureza de los corazones sustituyó a la nostalgia, no hubo casa ni rebaño sin muerto, y cundió el dolor cual nunca fue ni jamás será (aunque los primogénitos se alegraron secretamente).

Pero nadie se arrepintió porque –en el desenfreno– todo se atribuyó a correctivos demográficos drásticos pero atendibles. Y las familias se prometieron educar a sus hijos para que, en su turno, nunca pasasen de dos descendientes.

Y se envió a la peste devastadora, y muchos murieron atravesando el dintel de las iglesias congestionadas, y se cubrió la faz de la tierra y oscurecióse también la oscuridad, y muchos quedaron insepultos por no haber quien cavara las fosas, e inundó el reino el feroz agravio de los corazones.

Pero nadie se arrepintió porque creyeron entender el mensaje: hacen falta buenos hospitales, sistemas de medicina preventiva, campañas permanentes de profilaxis.

Y se desató el hambre, se esparció ceniza en torno a los agonizantes, morían los peces en el río y no hallaban ríos donde morir, la tierra se corrompía y no daba frutos, los hombres hallaban apetecibles a erizos y lagartos y caracoles y babosas y topos pero no los podían atrapar. Las multitudes destrozaban a los sospechosos de esconder comida, los desmayos preludiaban los estertores, había tics de aflicción en todas las bocas y muchos se consumieron como estopas llenas de sequedad.

Pero nadie se arrepintió porque estaban seguros de apurar el cáliz de otra crisis cíclica propia del feudalismo.

Y las plagas se diseminaron, se secaron los depósitos de agua, la sangre corrió de un lado a otro, las casas quedaron henchidas de moscas, el polvo se volvió piojo, los piojos adquirieron dotes vocales y los huesos vencieron a los gusanos.

Pero nadie se arrepintió y en su ceguera acumulaban razones, excusas, disculpas, justificaciones.

Y las plagas cesaron repentinamente.

Y todos se arrepintieron y vistieron sacos de penitencia y rezaron y se cultivaron llagas de abatimiento, porque la indiferencia del cielo era la señal aterradora: sus maldades y fornicaciones no estrujaban ni soliviantaban, urgía renunciar a ellas y allegarse los nuevos métodos que en verdad, al provocar al Señor de las intimidaciones, le infundiesen tensión gozosa a existencias tan anteriores al melodrama fílmico.

Fábula donde nada es relativo excepto lo absoluto

Eﾉl teólogo
progresista era desdeñoso: "La inocencia
es relativa, y la culpa también. No sé de otro axioma.
Dios es el último absoluto de que tenemos noticia, el dinosaurio de
los absolutos". El teólogo tradicional se irritó: "No puede usted tener
razón, hay inocentes y culpables, los habrá siempre, de lo contrario
daría igual cualquier comportamiento, sería justo prescindir de cora-
zonadas e intuiciones, enterrar a la ética y sus recompensas inmanen-
tes". "No sea usted necio", replicó el progresista. "No le dé por el
pataleo moral. Los extremos no existen, por eso se juntan. Consígase
alguien que ignore un arca abierta, o que carezca de pensamientos
limpios en presencia de vírgenes desnudas. No lo hallará. Ni hay res-
ponsables totales de las guerras ni nadie mantiene una conducta irreprochable dos días seguidos. Lo único que hay en el mundo son los
matices."

Informadas de la discusión, la Culpa y la Inocencia se asombraron
y se deprimieron. La Culpa se sintió un fracaso, su negocio era ava-
sallar las psicologías individuales y las colectivas, inducir a la vergüenza, provocar crisis, excesos, borracheras, temblores de manos,
suicidios. Su eficacia dependía de no ser culpa a medias, olvidable o
postergable. Debía constituirse, en cualquier nivel, en una carga in-
mensa, ordenadora y provocadora, una Gran Culpa, dueña de insom-
nios, de rostros demacrados, de los desasosiegos que sólo causan
naturalmente la presencia de curas, policías o académicos.

La Inocencia no se sintió bien tampoco. Mira que vivir en el sacrificio, absteniéndose de tantas cosas para acabar también enlodada,

también con una cola pisable, indigna de que el espejo la reflejase por entero.

Azoradas, Culpa e Inocencia dieron en confundirse, en organizar simposio tras simposio sobre su identidad. Al final urdieron una prueba irrefutable: vigilar a un justo y a un malvado, verificarles sueños y pesadillas. A los pocos días certificaron que el justo padecía feroces remordimientos y el malvado dormía a pierna suelta. Y concluyeron lastimosamente: "Es verdad. Todo es relativo. Vamos a buscar otra actividad".

Poco después, por los periódicos se supo que el justo era un defraudador y el malvado patrocinaba un orfelinato y un coro de buenas nuevas. La noticia ya fue inoportuna. La Culpa y la Inocencia le habían encontrado el gusto a la nueva vida de ambigüedades y preferían, ya asemejadas, que todo fuese relativo.

El santo que tenía mala clientela

San

Inmejorable era un varón sin mácula. Nunca conoció el mal ni tuvo oportunidad de arrepentirse de acciones nimias. Incluso en el Paraíso donde nadie entra en balde, destacaba por su historial. Se le envidiaba porque su mente límpida jamás conoció un pensamiento extraviado y en los corrillos celestiales lo consideraban el mejor, así en el único templo con imagen suya nadie recurriese a sus oficios de mediador.

Pero un día, sin ponerse de acuerdo, empezó a visitar la representación maravillosa de San Inmejorable una cohorte de ladrones, prostitutas, viciosos, adúlteros, sodomitas, necrófilos, hechiceros, asesinos, coprófagos, polígamos. Había apiñamientos y motines para acercarse a la imagen y, poseídos de una odiosa confianza, los réprobos le narraban al santo sus asquerosidades y demandaban perdón guiñándole el ojo. El aludido, arriba, se negaba a oír, detestaba el aire de intimidad, hallaba increíbles y dañinas las confesiones, se turbaba y se horrorizaba, divulgaba que él no era milagroso (por lo menos no tenía noticias previas) y que les convendría diversificar su veneración, invocar y frecuentar otro Elegido del Señor, y dejarlo en paz.

Pero la canalla no mermó y desbordó el recinto,

los feligreses más conspicuos y generosos huyeron y ya no regresaron y el cura y los sacristanes se alarmaron sabiendo que, para colmo, la infame turba no daba limosna, ni un céntimo. En la diócesis, el templo adquirió pésima reputación y cura y sacristanes debieron implorarle a todos los santos el alejamiento de tanto inicuo. A todos, menos a San Inmejorable, el causante de la mala fama.

El puro entre los puros se afligió. ¿Por qué sus únicos fieles eran la escoria del mundo? ¿Por qué lo frecuentaban esos rufianes cuyos pecados sin remisión palidecían frente a su aspecto? Su prestigio celeste se fue eclipsando, los superiores le retiraron la confianza y él dio en desmoronarse de tristeza. Esto, digo, antes de que fuese degradado y remitido al Purgatorio.

Y nadie supo bien a bien si los malos feligreses perjudican a tal punto las buenas intercesiones.

Se recostó

y vio desfilar en su heredad nocturna seres desconocidos, diferentes en traje y en semblante. A Omixóchitl, la del semblante añoso, le extrañó el color lechoso de su tez, las pelambreras negras o bermejas que deformaban los rostros, los grandes perros, el relumbrar de las herraduras, los atavíos incómodos, los truenos del cielo que empuñaban. Al día siguiente, divulgó su sueño.

Nadie le hizo caso, ocupados como se hallaban en interpretar presagios funestos. A los pocos días, vinieron por mar los forasteros, en barcas fueron viniendo. Y sojuzgaron a los indígenas cuando éstos ya no tuvieron escudos, ni macanas, ni qué comer. Toda la noche llovió sobre los muertos.

En nuevo trance, Omixóchitl vio la castración del sol y la edificación de una insolencia en el lugar del templo desde donde se contempla la gran ciudad y todas las ciudades. Y hubo lamentos por la triste suerte.

Ni dardos ni escudos contuvieron la desolación. A espada, los españoles enrojecieron las aguas, como si las tiñeran, y obligaron al pueblo a levantar iglesias a dioses asombrosos. Y Omixóchitl confió ya sin remedio en sus visiones.

Un nuevo sueño le sorprendió mostrándole los ensartados cráneos de los capitanes invasores. Todo se detalló: una mujer decidía que el amor a Tonantzin valía cualquier riesgo, los indios se rearmaban, los hispanos huían y lloraban, subían a sus caballos y morían aferrados al cuello de las bestias, se derrumbaban con estrépito sus santos y estandartes, las hazañas tan pregonadas se desvanecían entre polvo y gemidos.

Ante Huitzilopochtli, perdían sus corazones los prisioneros que perseveraban en su odiosa fe, y los traidores a su raza, los renegados que habían ofrendado en altares perversos.

Siete veces siete atendió Omixóchitl a los vislumbramientos. Y en cada uno se repetía el paisaje: ella a la cabeza de un contingente otra vez dueño de su bravura, los enemigos en fuga interminable. Describió las imágenes de su presentimiento, y la noticia atravesó las tribus y los montes, propalada por secas, vendedoras y curanderos. En muy escasos días, las multitudes vinieron a su vera, cantando la gloria de las tradiciones mancilladas y puliendo armas. La sublevación inesperada alarmó a los conquistadores.

Donde hubo indios llorosos y agua podrida, se levantaron ejércitos. Y fue tal su cantidad y su vehemencia que las partidas enviadas a combatirlos retrocedieron sin librar batalla.

El obispo y los frailes rezaban desesperados. El comandante derramaba lágrimas.

Todo estaba listo para el levantamiento. Los invasores se juntaban unos con otros, sabiendo que el número pesaba abrumadoramente en su contra y que nada valdrían las antiguas intimidaciones ni el hablar rápido en su lengua, ni el hacer suertes con las cabalgaduras, ni el emprender los bailes regionales.

Pero la cabeza de Omixóchitl ni ciñó corona ni colgó en una lanza. Todo se congeló la víspera, en otra revelación. Allí Huitzilopochtli pasaba a su lado sin saludarla y el mensaje era inequívoco: "No te saludo para no perjudicarte. Hoy eres para mí como escoria de plata sobre el tiesto". Ella descifró con rapidez el consejo, se convirtió y se arrodilló ante los falsos ídolos, no sin explicarle a sus ejércitos que los dioses le habían indicado en sueños la conveniencia de aplazar unos cuantos siglos la insurrección.

Cuando

Abundio el Ermitaño se presentó en Santa María de la Propiciación con su alud de profecías, ya estábamos hartos. Y él no remedió el fastidio con su discurso: "Hermanos, es mi deber alejarlos de la tribulación y el fuego. El Armagedón se acerca. No vituperen las potestades superiores y arrepiéntanse a tiempo. Ya las ovejas son requeridas". Nos miramos con sorna. Habíamos oído esas palabras hasta la extenuación y, además, bien que nos acordábamos de Abundio, que nació y creció aquí, jugó con nosotros a la orilla del río, y lloró con nosotros cuando los desechos industriales acabaron con el fluir de las aguas. Sí que lo recordábamos, y teníamos presente aquella tarde cuando lo dejamos agonizando a orillas del pueblo, acusándolo de robar los fondos comunitarios, lo que, como luego supimos, fue más bien otro de los asuntos del alcalde. Por eso, nomás por el sentimiento de culpa, esta vez lo atendimos con paciencia.

Vaya que hemos soportado profetas y mesías. Antes de lo que cuento (ya no destinado a los oídos humanos, sino al eco de la especie difunta), iba un profeta y se dejaba caer un mesías, sin descanso, con discursos que marchitaban árboles, con ropas de lino blanco, limpísimas o mancilladas, con sus evocaciones de nubes que transportan justos y de espadas que decapitan a los impíos. Todos levantaban el puño indicando el arrasamiento del universo conocido, y exigían retraer del mal nuestro apetito. No niego que al principio fuimos reverentes y obsequiosos con los entes proféticos, nos disputábamos el honor de su presencia y los seguíamos por las calles entre las bendiciones de las mujeres y el rezongo de los habitantes de monasterios y cubículos. Y, también hay que decirlo, sí que confiamos en estos buitres agoreros, y nos causaron miedo y conmoción sus notificaciones de la fecha exacta del gran día. Crédulos e incrédulos regalamos los bienes, nos despedimos de nuestros animales, suspendimos labores y, en las casas, atisbamos el cielo, aguardando.

Pero, augurio tras augurio, el sol siguió sin desaparecer, las montañas no mudaron de sitio, y ya ni los recalcitrantes preservaron el candor. Nos volvimos escépticos y rencorosos y más de un profeta resultó lapidado o debió asilarse en el circo. Tardamos mucho en levantar la economía y más todavía en restaurar la fe. Preferíamos ser borrachos, adúlteros, fornicarias y criminales, a pasto del primer demente iracundo y barbado. Gritábamos: "No tenemos de qué arrepentirnos. Si llega el fin del mundo, al día siguiente haremos fiesta". Por esto, Abundio fue recibido con miradas sarcásticas, y él, sin percibir nuestro ánimo nos arengó:

–Hombres y mujeres de La Propiciación. Nací entre vosotros y retorno para auxiliarlos, no porque les deba nada, sino en memoria de mis padres, que aquí vivieron y aquí murieron con el dolor de sentirme víctima de la injusticia. El Juicio Final se avecina, y ustedes no se han preparado. Tan seguro estoy de ello que le pedí a Dios un regalo especial para su siervo: una prórroga para mi pueblo. Un arcángel me señaló el carácter irregular de la demanda, pero aseguró de inmediato: "Tus méritos son también extraordinarios y tendrás respuesta". Y así fue. En pago a mi abnegación, Dios les concederá una oportunidad, una dádiva de seis meses para que reconsideren sus vidas y aguarden en óptimas condiciones el Día de la Ira.

Queríamos lanzarnos a la chacota y festejar ocurrencia semejante, pero sin ponernos de acuerdo adoptamos la estrategia de la solemnidad. Le agradecimos su intervención al Ermitaño con ferias y procesiones y juramos acatar sus mandatos. Era apenas justo: si los profetas nos habían aterrorizado tanto, ya les tocaba regocijarnos. Durante los meses siguientes obedecimos a Abundio, nos cubrimos de cenizas, confesamos en voz alta pecados recién urdidos, abjuramos de nuestros vicios (para encomiarlos en voz baja)... y atendimos interminables descripciones de los ángeles sobre los ángulos de la tierra, de los sellos del libro, de incensarios de oro y trompetas que desataban granizo y fuego, de pozos del abismo y mujeres vestidas del sol con la luna debajo de sus pies y sobre su cabeza una corona de doce estrellas. Memorizamos el relato de las bestias con siete cabezas y diez cuernos (y sobre sus cuernos, diez diademas), supimos del número exacto de los redimidos y comprados de entre los de la tierra, ciento cuarenta y cuatro mil, y descontamos de esa cifra nuestro contingente: doscientas siete personas. Nos dividimos por tribus y por símbolos y, mientras tanto, nos alegramos como nunca. Nuestras vidas se transformaron en una portentosa obra de teatro.

Un atardecer, Abundio nos avisó: "Celebrad mi generosidad ya que mañana, en todos los demás lugares, dará comienzo el Juicio Inexorable y muy pocos se salvarán. Agradezcan al cielo mi mediación". Y se gozó explicándonos otra vez su intercesión ante el Señor y nosotros nos entristecimos porque, terminado el jolgorio, nos tocaba expulsar de nuevo a nuestro profeta, antes de que nos abrumara con su manejo de justificaciones de la posposición del Juicio, "Dios quiso darle otra oportunidad al género humano", etcétera, etcétera.

Nos despedimos de los ensayos con una gran borrachera. La mañana del Terrible Día amaneció esplendorosa. Hubiésemos olvidado la profecía, de no advertir la desaparición del Ermitaño. Nos reímos con disimulo y, a medida que imaginábamos su terror al descubrir que el mundo no había concluido, nos reímos desembozadamente.

Seguíamos divirtiéndonos cuando llegaron las noticias: se habían cortado las noticias del exterior, nadie respondía a las llamadas y, desde la altura, los poblados vecinos se veían absolutamente vacíos.

Y sólo en ese instante comprendimos el ánimo de Abundio, el vengativo, y cuánto nos aborrecía desde la tarde en que lo dimos por muerto en los matorrales. Absortos en la disipación teatral, nos convertimos en el único pueblo que, al llegar el aviso del Juicio Final, ni dispuso su corazón como es debido, ni ocultó provisiones o preparó escondrijos, ni abjuró de su fe en la modernidad para burlarse –desde la seguridad del conocimiento místico– de las supersticiones de la ciencia.

El Chivo Expiatorio hubiera querido
ser cualquier otra cosa

–¿**P**or qué yo?, preguntó con angustia el Chivo Expiatorio. ¿Quién me eligió entre todos los seres vivos y me rodeó de multitudes que suspiran con alivio y gozo al ver junto a mi cuerpo un arma que refulge? ¡Oh siete dolores! ¿Por qué ese cerco de matarifes sonrientes y salmos penitenciales? ¡Oh cuchillos graves! ¿No es monstruoso imponerle a una especie la continua remisión de las demás? No lo acepto y no me reconfortan las similitudes con el más prestigioso de los ejemplos humanos. En una religión civilizada no existiría tal reducción al absurdo o por lo menos se sortearía el pago de los errores y crímenes y se evitaría el monopolio de la culpa. ¡Oh almas traidoras! ¡Oh juicios fatales!

No hubo respuesta. El sacrificable por antonomasia prosiguió su defensa:

–¿Esta suerte es producto de mi ignorancia? Si así lo fue, ya no es cierto. He ido a seis universidades, hice nueve doctorados, domino las artes y las ciencias, es ilimitada mi sed de conocimientos. Mas cuando me pienso redimido por la sabiduría, se me recuerda con violencia mi carácter de profesional de la reparación colectiva... ¿Le debo el infortunio a mi debilidad física? Sé que no. He ascendido gimnasios y montañas, y soy un dechado de vigor. Pero a la hora de invocar cosechas o alejar plagas, se me rodea de lo que aborrezco: lavado de manos, santificaciones, aprestamiento de los tabernáculos, oficios de reconciliación, concupiscencia homicida sobre mi cuello... Para qué sigo. He implorado, he denunciado sin tregua, he ido de la fuga a la huelga de hambre. En vano todo. Al apagarse mi contienda, se me reinstala sobre el ara, se me achaca vicio tras vicio y hay gran irritación si no me ajusto notoriamente al modelo de las depravaciones que reclaman castigo... ¿Por qué yo? Desde el punto de vista teológico, no tienen derecho. La ciencia de las relaciones exactas con Dios ha avanzado mucho y ha prescindido de la representación significativa. Y si quieren una negociación masiva de los pecados, adquieran un símbolo desechable y déjenme en paz.

El desaliento interrumpió el alegato.

Esta vez la Víctima Insustituible se equivocaba. Por motivos que iban del arrepentimiento histórico al miedo ante el desprestigio moral, la opinión pública se apropió conmovida de sus razones. "Hemos destinado a una especie al infierno del sacrificio interminable y, psicológicamente, nos hemos condenado con eso. No es tolerable ni moderno que a uno solo se le abrume con todos los delitos. Ya no son admisibles los ritos oprobiosos y aviesos contra una minoría."

El antiguo objeto de las propiciaciones conoció la libertad y no se acongojó en los días ceremoniales. Acaecieron inundaciones y temblores y él domeñó su impulso de esconderse. No le molestaron epidemias, bombardeos, atentados, accidentes. El sol no lo fatigó de día ni la luna de noche.

A su alrededor la vida se fue complicando. Al no haber ya un responsable instantáneo, menudearon tragedias y desastres. Ahora semana a semana se definía por la fuerza de las armas quién sería victimario y quién víctima. Desgastadas, en ruinas, las partes contendientes llegaron a un acuerdo. Hicieron a un lado la risible formulita: "Todos somos culpables" y, arguyendo que lo moderno y justo era respetar las tradiciones y la identidad de cada especie, devolvieron al Chivo Expiatorio a su oficio inmemorial, no por descargar en alguien el pago de todas las faltas, sino porque, viéndolo bien, cada quien sirve para una sola cosa en la vida.

Va mi alma en prendas

Te lo digo

y te lo repito. Evelio Alcántara, nuestro llorado amigo, nació para un propósito exclusivo, y a esa meta le entregó la vida y lo que sigue cuando uno ya no está, al menos formalmente. Anticipo tus objeciones: si hay algo para lo que no se nace, es para exorcista, vocación de teólogo afiebrado. Te equivocas, el caso de Evelio nos revela exactamente lo contrario: algunas vocaciones se aparecen desde el vientre materno. Vecino suyo y compañero de primaria, me enteré de su idea fija casi a la hora en que surgió, el día en él cumplió diez años y su mamá doña Laura lo regañó. Sí, ya sé, un regaño materno es la palanca que mueve al mundo, sobre todo si viene de una viuda con hijo único, pero el niño Evelio vislumbró el origen de la ira, y, ya al tanto del lenguaje de los adultos, en el acto calificó al hecho de *diabólico*. ¿Por qué su madre lo amonestaba si él nada más vivía pensando en Dios, y por eso, con tal de no caer en vanidades, destruía lo superfluo, su ropa y los muebles para empezar? La cólera materna era propia de alguien sojuzgado por las emanaciones de las tinieblas.

Me dirás que el episodio es inconcebible si se recuerda la edad de quien –de modo literal– calificaba a su madre de *"diabólica"*. Pero lo más extraño no fue eso, sino lo que pasó a continuación: Evelio, alarmado, decidió iniciarse en el exorcismo y preparó con cuidado la ceremonia. La víspera, nos invitó a sus amigos y compañeros de escuela a ser testigos de cómo él, una criatura al fin y al cabo, devolvía a doña Laura al territorio del bien.

La escena persiste en mi memoria, y de tanto repasarla no sé si fue divertida o aterradora. Nos presentamos todos los niños de los alrededores, y acudieron nuestros padres y los vecinos y un grupo de sacerdotes. Todo de negro, con una cruz enorme en la mano, Evelio se detuvo en la puerta de su casa y comenzó a dar de voces. La madre, ignorante de lo que acontecía, salió, miró la multitud, y empezó a gritar como desquiciada. Hablaba muy rápido y no le entendíamos, y Evelio nos aseguró que lo que oíamos era lengua caldea. Luego la inquirió: "Y tu demonio familiar, ¿cómo se llama?" Furiosa respondió: "Se llama como la autora de tus días, imbécil". Evelio insistió: "¿Hace cuánto, mujer, que no te preña Belcebú?" La señora, ya embravecida, aulló: "¡No le digas así a mi marido, que en gloria esté!" Evelio lanzó una risotada: "¿Ven? ¡Aceptó el connubio contranatura!" (Te juro que no invento el lenguaje. Desde entonces Evelio parecía poseído por los archivos de la Inquisición.) Doña Laura no aguantó más, fue por el revólver de su difunto esposo, y amenazó con tirar si no nos largábamos. Evelio, enardecido, nos señaló a los tres demonios asistentes al lado de su madre: el de figura de culebra que se le enroscaba en la cabeza, apretándole las sienes, el de a manera de serpiente que la ceñía por la cintura, y el tercero con forma de hombre que la galanteaba provocándola a sensualidad. Si he de ser franco no vi nada, y creo que eso nos pasó a todos, pero me sumé a quienes, encabezados por los sacerdotes, juzgaron a la señora "poseída por el Averno".

Ya nunca más Evelio fue objeto de regaños, porque doña Laura, para no ser internada en un manicomio, abandonó con rapidez la ciudad. Pero en vez de regocijarse por su temprana sapiencia, Evelio se consideró un fracaso. El demonio, el allanador de espíritus, lo había desdeñado. ¿Se extraña entonces que se fijase un propósito en la vida: extirpar a Satanás de los cuerpos usurpados, ser abogado del casero divino que expulsa a esos inquilinos devastadores que nunca pagan renta, los demonios?

Si la vocación era inequívoca, los resultados fueron escasos. Evelio no daba una, aunque con el paso del tiempo estableciese técnicas y poderes. En los casos en donde la incrustación satánica era evidente, eran en vano sus preces y exhortaciones, inútiles los signos cabalísticos, absurdas las invocaciones en griego y arameo. En cambio, cualquier exorcista menor obtenía resultados fantásticos. Pero Evelio se desesperó: los demonios o le huían o no le hacían el menor caso, y, al parecer, su alma no interesaba, no tenía valor en el mercado, era mediocre. Y la angustia lo condujo al desafío.

❖

¿Cómo me enteré de lo que voy a relatarte? Una buena parte me la contó Evelio. Y lo demás lo intuyo. Para empezar, no es fácil negociar con Luzbel. Sus reglas y condiciones son especiales, sólo conoce la desmesura, y, si su apetito de almas es inagotable, es también selectivo: algunas le apasionan, y otras le dan igual. Evelio se propuso descender al centro de los abismos y entenderse allí con las potencias de la oscuridad, porque, en su ambición, no quería negociar con un demonio, sino con miles. ¿Pero cómo llegar al Lugar de la Ausencia de Dios y qué pacto fáustico celebrar? Noche tras noche, en cementerios recónditos, Evelio, sin esperanza alguna, convocó al inframundo. Se preparó para una larga espera, y, sorpresivamente, y aquí quisiera recapturar algo de la emoción de mi compañero, la respuesta llegó casi de inmediato, no con palabras, sino con sensaciones, mórbidas, eléctricas, confusas. Los demonios, siempre en plural, aceptaban concurrir al forcejeo, pero el alma de Evelio sería en el mejor de los casos un añadido, nunca lo principal. Ocurría lo siguiente: tanto el ateísmo funcional de la vida contemporánea como el desgano de los creyentes prescindían de los ángeles del mal, los juzgaban intimidaciones del anacronismo, se reían de ellos. En otras épocas se les temía, se les invocaba con frecuencia, se perseguía con saña a sus adoradores, pero ahora...

Cada que Evelio evocaba aquel diálogo en los depósitos del odio, se estremecía de horror y de ternura. Los anticristos, los orgullosos señores de la tierra y sus adentros, se consideraban unos desempleados, figuras de ornato en el cine y en las funciones de títeres, elementos de la parodia. La evolución del pensamiento religioso los desahuciaba, y la sentencia en la pared era tajante: si los ángeles caídos no se imponían de modo convincente, la indiferencia ajena se les adentraría volviéndose reflejo condicionado ("Si a nadie le importo, es porque no existo"). Por eso le entraban a lo del exorcismo, bajo una condición estricta: una campaña de publicidad muy prolongada que, al pregonar el acontecimiento, subrayase su carácter *normal*. A los demonios les resultaba fundamental, en épocas donde creer en todo es creer en nada, que se describiera su presencia como muy natural, y, por tanto, inevitable.

Item más: el acto, televisado vía satélite, tendría lugar de preferencia en un estadio, y, por supuesto, con la asistencia de los mass-media internacionales, las grandes cadenas de televisión, el *New York Times*, el *Washington Post*, *The London Times*, *Le Monde*, *El País*... La calidad del evento se anunciaría sin estrépito, y la publicidad se centraría en un hecho: la primera trasmisión en vivo de un exorcismo. Esto demandaban sus satánicas majestades, un refrendo sencillo y tumultuario de su existencia.

¡Ah, y el lugar elegido! Sé que Acapulco es para ti lugar común del turismo, pero también, reconócelo, es históricamente emporio del pecado, y entre nosotros los símbolos cuentan. Los requisitos continuaban. Antes del exorcismo habría desfiles de bellezas, un evento de table dance simultáneo en seiscientos sesenta y seis cabarets (para combinar la libido y el número de la Bestia que es el número del Hombre), una fiesta popular en La Costera... Evelio se demudaba y los demonios se engolosinaban con los detalles y, para que veas cómo rigen los criterios de eficiencia, al día siguiente de la respuesta infernal ya funcionaba una oficina con sucursales en Nueva York, Londres y París. La televisión le dedicó al tema series especiales, en los cines se revivieron todas las películas alusivas, fue laboriosa la acreditación de los Medios y, a la media hora de abrirse las taquillas, no quedaba un boleto. Evelio, infatigable en declaraciones y entrevistas, paseaba preocupado y solemne en su cuartel general, circundado de puestos con venta de cruces y CD ROMs.

El planeta entero se ocupó del caso, y, hay que decirlo, a favor de Evelio. Un equipo de especialistas en historia medieval lo asesoró, proveyéndolo de los conjuros más eficaces. Se revisó la corrección de las frases en latín. Se promovió un concurso internacional para seleccionar al poseso, donde se inscribieron familias horrorizadas (y exaltadas por el monto del premio) que referían, con tal de ganarle puntos a sus candidatos, cómo su hija o su hijo cabalgaban en las noches del Sabbath, o cómo se aplicaban ungüentos que les desaparecían por horas partes del cuerpo, o cómo hacían ruidos y estruendos, causaban golpes en puertas y ventanas, tiraban piedras sin mover un dedo, quebraban ollas, desplazaban mesas y camas, llevaban una casa de un pueblo a otro... Se eligió finalmente, como el poseso perfecto, a un joven purísimo y hermoso de Celaya, Guanajuato, con vocación monástica, domeñado semanas antes por un demonio medieval. De inmediato, los Medios reconstruyeron su vida, acosaron a sus seres queridos, realizaron una encuesta para determinar si las usurpaciones satánicas eran resultado de la descomposición social y la educación laica. Celaya se volvió atracción turística y se fijó la fecha del exorcismo.

✣

En el estadio, por más que se quisiera, ya no cabía otra persona. Había historiadores, demonólogos, sacerdotes, expertos en esoterismo y en desenmascarar supercherías. Entre ovaciones que dieron paso a un rumor opresivo, Evelio surgió todo de blanco, y caminó hacia una plataforma giratoria cubierta por un telón inmenso. Éste se fue levantando... y allí estaba el desdichado, semidesnudo, vociferando maldiciones terribles en lengua desconocida, que cada uno de los presentes conocía sin embargo. Un comité de clérigos certificó ante cámaras la realidad del trance. Evelio procedió.

Las oraciones del siglo XIV fluyeron, y el joven de pronto se calmó, dejando ver su condición apolínea. Luego se deshizo en raptos espasmódicos que lo volvían simultáneamente bestia espantadiza y monstruo espantable. A los aullidos, la gente respondía en coro, se entregaba al duelo entre invocaciones y maldiciones, se adueñaba de lenguas ignotas. Evelio intentó modificar el aspecto del poseso, y quiso imponerle una vela encendida en las manos, una mordaza en la lengua y una soga en la garganta. A carcajadas, el endemoniado rechazó la oferta. "Me vería fuera de época", afirmó desdeñoso.

A la última exhortación de Evelio, sucedió un silencio jamás antes oído en la tierra, un silencio insoportable que trituraba la atmósfera, el silencio de los medios masivos. Luego, de un salto, los demonios, vueltos emanaciones visibles, masa antropomórfica, salieron del cuerpo abrumado por las contorsiones, bailando con ritmo y elegancia "One", el número final de *A Chorus Line*. Nunca en la historia del trasmundo se conoció algo parecido. ¡El triunfo de Broadway sobre Mefistófeles!

Lo sabes perfectamente: la confusión siguiente no tiene paralelo en la memoria del hombre. Y al extinguirse risas, llantos, entusiasmos y desolaciones, la conclusión fue inapelable: los resultados del exorcismo difamaban a la guerra ancestral, la que se libra entre la luz y las tinieblas, y abarataban el mal, lo asimilaban a la sociedad de consumo, lo convertían en espectáculo banal, inofensivo, kitsch. Si, como tanto se había dicho, era normal la existencia de los demonios, podrían haber dispuesto algo en verdad artístico o inaudito, pero no esa vulgaridad de grupo de aficionados. El mundo entero se llamó a engaño y los rituales antiguos cayeron en desuso.

Las presiones sobre el corazón del exorcista fueron excesivas. Hoy, y ésta no es hipótesis sino certidumbre teológica, Evelio sigue paleando carbón en los infiernos.

Ya no quiere el Redentor del Mundo
que se hagan milagros

✢

El primer

arzobispo se propuso concluir la homilía de sobremesa: "Ya no quiere el Redentor del Mundo que se hagan milagros, porque no son menester, porque está nuestra Santa Fe tan fundada por millares de milagros como tenemos en el Testamento Viejo y Nuevo..."

El primer virrey no admitió un final tan inapelable: "Le he oído este sermón tantas veces, Fray Juan, que lo sé de memoria. Perdóneme Su Excelencia, pero a simple vista su tesis me parece un recurso parroquial para explicar los olvidos de Dios en estas tierras recién conquistadas y evangelizadas. ¿Aceptáis mi hipótesis o deveras pensáis que los naturales se allegarán a la Doctrina sin imágenes de asombro de por medio?"

–No me atribuya su propio método de declaraciones ambiguas, don Antonio. A diferencia de Su Señoría y no obstante mis años de inquisidor en España, yo no hablo por inferencias o a trasluz. Me limito a convertir mi experiencia en mensaje. Haced memoria: abruma la cantidad de esfuerzo a que obliga cualquier favor extraterrestre. A nosotros los clérigos, lo que más nos asusta es el anuncio de uno de ellos. Temblamos ante lo inevitable: sermones circulares, preguntas sin término, muchedumbres que impiden el paso a donde sea, peregrinaciones al rayo del sol, peticiones al cielo para que no desampare su acción maravillosa. Considerad los ejemplos típicos. Si un leproso sana, es menester una labor infinita: persuadir a los otros leprosos de que no hubo mala voluntad en su contra y de que su paciencia será algún día recompensada, disuadir a los familiares temerosos de una curación falsa o efímera, hacer que el beneficiado confíe en la permanencia de su salud y no se sienta objeto de una diabólica humorada, convencer a la sociedad de que una vez curado, el leproso superó ya el rencor y las frustraciones de su larguísima enfermedad... O concebid una imagen que brota inesperadamente en el estandarte de un batallón segundos antes de la derrota. ¿No se les compromete a estos soldados a ganar al margen de sus probabilidades y recursos bélicos? Si llueven panes y peces es preciso aportar aceite y cacerolas, evitar tumultos, imponer una repartición justa, influir en los sabios para que no se precipiten y juzguen abolidas las leyes de la naturaleza. Si un profeta devuelve la vista a los ciegos y la vida a los muertos hay que rodearlo de soldados para que no lo secuestren y lo vuelvan negocio... Tengo para mí que cada proeza de Lo Alto requiere de una cadena de hazañas que la sostengan y de comités de vigilancia severamente armados.

Se detuvo para gozar los efectos de su sabiduría. Mas reanudó prontamente cerrándole el paso a las objeciones del virrey.

—Un milagro, don Antonio, es como un niño pequeño. Necesita cuidados, mimos, ternura. Y resignación: una vez hecho el primero, no hay más remedio que continuar haciéndolos. Santo que comete la equivocación de mostrarnos directamente su gloria, quedará entrampado, con los remos de Caronte en las manos, si me permite la metáfora pagana. Se ha esclavizado al crear el fenómeno religioso que es manía social. Ya no es dueño de su tiempo eterno, y sólo se evitará esta red de obligaciones con maravillas que se sostengan por sí mismas. Así que imploremos por lo aún no visto: el milagro de un milagro autosuficiente.

El secretario del Arzobispado interrumpió contando de los rumores muy extendidos sobre una centella y un ventarrón antisacrílegos. Una fulminaba a diez incrédulos en el mismo segundo y el otro esparcía sus aberrantes cenizas sobre los pudrideros. Fray Juan ordenó negarle cualquier veracidad a los hechos.

—Me opongo categóricamente a tales infundios. No podemos consentir que nadie, ni el cielo, usurpe nuestros ya de por sí débiles poderes. Nosotros, don Antonio, somos los únicos autorizados para ajusticiar a los incrédulos.

—No deseo contradecirlo, Reverendo Padre, pero los sucesos extraordinarios reavivan la Fe en las comunidades, las devuelven al amparo de las penumbras del bien. Las creencias de todos los días necesitan de esos relámpagos de la voluntad divina traducidos al estilo llano para común inteligencia, como vos señaláis, y más si recordamos que estos indios recién se han convertido o ni eso.

—¿Evaluó ya los costos, Señor Virrey? Imagínese Su Ilustrísima una aparición en región distante e inhóspita. Para que una comisión de dignatarios otorgue su visto bueno es preciso construirles caminos. Si el hecho concita la piedad de multitudes, será forzoso edificar pequeñas ciudades en los alrededores, que de allí en adelante nada más podrán vivir a expensas de los peregrinos. Punto y seguido: deberemos propalar organizadamente el suceso, cuidando de la armonía entre sus aspectos económicos, políticos y raciales. Cada aparición trae consigo una cuantiosa demanda de curaciones y favores, y un alto número de agnósticos por decepción. Y si esto

sucede en sitio céntrico, el desastre será mucho peor.
De la aglomeración al pueblo nómada sólo hay un
paso. Cada peregrinación es un séquito de enfermedades y plagas. Se lo repito. Ya no quiere Dios almas
edificadas nomás con lo extraordinario. Más bien,
campañas catequísticas, creación de material pe-
dagógico que propicie la obediencia del pueblo.
Convénzase, don Antonio, en nuestra época milagros y taumaturgos son sobrevivencias del pasado
sin libros, cuando lo más valioso era un buen relato
alrededor del fuego.

–No me opongo a lo que dice, Fray Juan, pero así
como me ve inaugurando un virreinato, soy chapa-
do a la antigua y muy memorioso. De niño nada me
emocionaba tanto como el anuncio de algún prodigio en la comarca. Los pueblos se convertían en fies-
tas ambulantes, acudíamos todos al lugar del privilegio a reír y cantar, se instalaban ferias, acudían
magos y juglares. Nos estremecíamos tan divertida-
mente que no pensábamos en nada más.

–Otro argumento en abono de mi tesis, don Antonio, la deserción laboral. Dése por buena y por santa
la abundancia de lo inexplicable y se disipará el espíritu industrioso tan escasamente implantado entre
los nativos, que localizarán en la caza de prodigios
el gran pretexto de su desidia. ¿Queréis con delibe-
ración que eso suceda...? No seáis renuente. Vivimos
ya en el tiempo donde lo que Dios pide y quiere son
vidas humildes, pacientes y caritativas, porque el
pago puntual del diezmo es el más continuo milagro sobre la tierra.

Se retiraron con paso lento. La legión de hazañas
religiosas que los oía acató el juicio del arzobispo y se extinguió, sin jamás saber que su
mera presencia hubiese animado
perdurablemente una épo-
ca tan tediosa.

Somos tu obra, Niño, nunca lo olvides

❖

Somos

su memoria y su perduración, su floreci- miento en el pasado y el porvenir, sus gestos tradu- cidos al lenguaje del acatamiento. Somos sus hijos espirituales, sus anecdotarios ambulantes que reverberan en la evocación. Somos la semilla agradecida del Niño Genaro, el ser extraordinario a quien en vano se le quiere desprestigiar con análisis dizque científicos y frases despreciativas de las autoridades eclesiásticas, que lo califican de "santón", "consuelo de analfabetas", "farsante", y otros ataques viles.

Somos su descendencia primordial y el aprisionamiento metafísico de su paso sobre la tierra. Nos hemos vaciado de historia personal, y ningún caso tendría devolvernos al egoísmo y la infertilidad de la pri- mera persona. Somos el objeto múltiple y el sujeto colectivo de su ministerio, y hemos olvidado todo lo concerniente a esa isla, ese refu- gio, esa fortaleza del pusilánime: el *yo*. Somos el vagabundeo fructí- fero por azoteas campiranas y multifamiliares astrosos y colonias pol- vorientas y carreteras recién asfaltadas. Somos el pasmo regocijado ante sus hazañas, y la metamorfosis de sus momentos muertos en heroísmo. Somos la escoria, porque eso es lo que fuimos, y no nos avergüenza haberlo sido, porque así nos conoció y así queremos que nos encuentre en su vuelta a la tierra.

Somos su testimonio incandescente. Somos, para fijar en la letra una de sus parábolas, aquella tarde en que el Niño anticipaba sus maiti- nes en el cielo, y nosotros, y cientos de congéneres que en ese momen-

to se adherían al *nosotros*, lo incitábamos a visitar agonizantes y recién
ingresados al deleite de no respirar. Llegamos frente a la residencia de
un magnate, minutos antes de su traslado a la agencia funeraria, y le
solicitamos al Niño que entrase y, en ejercicio de su ministerio, acla-
rase la condición ultraterrena del difunto. Él accedió (porque ya se
había convencido de que sólo tenía su disponibilidad que ofrecernos),
entró a la casa ayudado por nuestra piadosa violencia, miró el cadáver y calificó su aroma: "Es santidad", dijo, y eso bastó para que,
ansiosos de souvenirs de la bienaventuranza, nos precipitásemos en
pos de reliquias del desaparecido, alhajas, jarrones, sillas, trajes, ani-
llos, corbatas, cuadros, todo lo que, al margen de su mezquino valor
terrenal, tuviese poderes curativos. El odio del mundo nos persiguió
ese día, en forma de patrullas y agentes judiciales, que detuvieron al
Niño acusándolo de saqueo. Nada le pudieron probar, porque él
nunca tuvo nada. Y la fama de nuestra enérgica piedad alcanzó los
confines de estas tierras.

Somos el recuerdo exacto de aquellos pasos y aquel sudor y aquella
melancolía. Todavía nos sacude, en el esplendor de los hechos tantas
veces repasados al unísono, la memoria de la mañana en que Él nos
preguntó: "¿Cómo se mueve un ángel? ¿Avanza a saltos y recorre
mundos en un santiamén o, en casos de terrenalidad, sólo despliega
sus alas metafóricamente?" Y, sin esperar la respuesta, inició su reco-
rrido (habitual por inesperado), y a cuanta mujer veíamos, él, ángel
súbito, la galardonaba con epítetos felicitándola por los altos desti-
nos del fruto de su vientre. Y en una vecindad, adonde entramos
queriendo inútilmente saciar la sed, vio a una señora, la encareció
por el hijo que iluminaría sus aposentos y tal vez el Universo, y
abrazó al marido. Y no fue culpa del Niño su intuición y la desdicha
subsiguiente: la mujer, en efecto, se hallaba preñada y el marido, que
ese día regresaba de una ausencia de años, extraviado por los celos,
la mató. Lo supimos después y nos afligimos. Somos su dolor póstumo.

Somos el agravio solícito. En los primeros tiempos, los medios masivos no nos comprendían, ni reportero alguno se aproximaba al Niño
Genaro. Y para difundir su obra, requeríamos del estruendo de nuestras gargantas y, ya luego, de un pobrísimo equipo de sonido. Por eso

asaltamos la estación de radio. No, como se dijo, para anunciar nuestras pócimas que todo lo curan, sino para señalarle a la humanidad el advenimiento del profeta. Y en todo esto había amor y desinterés. Porque, cabe advertirlo, cuando lo conocimos, el Niño Genaro no se llamaba así y en rigor nunca supimos cuál era su nombre original. Lo vimos, lo secuestramos por así decirlo y percibimos sus inmensas cualidades. (Somos la intuición que procede a saltos.) Y él se dejó rodear y aceptó llamarse el Niño Genaro y nos acaudilló con paso dócil.

Somos su imagen formada en los resquicios. Él se echaba a andar, y nosotros le modificábamos amorosamente el rumbo y lo conducíamos ante principados y potestades, y él no decía sermones (nada más ajeno a su naturaleza), sino —únicamente— frases que a oídos profanos sonaban enigmáticas, y que traducíamos acompañando nuestras versiones con tambores y pífanos. (Somos su ritmo y su sentido de la elocuencia.) Y decía por ejemplo: "Ay de aquel que no levantare la escoba porque será barrido por el deseo", o bien "Qué tristeza que siglo tras siglo todos nazcamos antes de tiempo", y nosotros, sus traductores autorizados, dábamos cuenta del contenido terrenal de sus palabras, que solicitaban ayuda para los desamparados, y agradecían la buena voluntad de los señores aquí presentes.

Somos su última voz y su último ademán y su última mirada de incomprensión. Aquel día nefasto, él dormía apaciblemente cuando llegó el tumulto de hombres armados con rifles, machetes y gritos: "Ayer en la noche uno de ustedes violentó y medio mató a una doncella. ¿Quién fue?" Y entre alaridos, acariciaban sogas y rifles y cuchillos. No contestamos, sólo miramos con fijeza al Niño, y el grupo de invasores interpretó malamente nuestra actitud, que era de conciencia ultrajada y de protección al más indefenso por más noble. (Porque si alguien rehuía la maldad era Él, purísima su alma y cándida su vida, que en las noches espiaba el movimiento de las estrellas, y le participaba de sus descubrimientos a su compañía permanente, el amigo seráfico con quien dormía y al que, seguramente, le confiaba la blancura de su alma virginal.) Y los familiares de la joven se enardecieron: "Alguno de ustedes fue" y nosotros callamos y rodeamos al Niño, para no alabarlo en su presencia y sin embargo protegerlo, y tomaron nuestro silencio y nuestro círculo de amor como asentimiento y delación y se lo llevaron a pesar de la protesta de nuestros rostros. Nunca volvimos a saber del Niño Genaro, y nos dio pena inquirir por su destino, aunque sabemos que no llegó a la cárcel. Somos la seguridad de su inocencia, y somos también los depositarios de su manto. Somos todo lo que Él no fue, porque somos y seguimos siendo la infame turba a quien Él, tal vez sin darse cuenta, nombró promotores del culto a su memoria, todo incluido, videos y camisetas y fundación con su nombre y colectas y biografías y agua bendita embotellada.

PROCEDENCIA DE LAS LÁMINAS DE FRANCISCO TOLEDO

Placas de cobre tlaxcaltecas y poblanas de los siglos XVIII y XIX
y regrabadas con las técnicas de aguafuerte, punta seca,
mezzotinta, buril e intaglio:

I a IX
De la carpeta *Nuevo Catecismo para Indios Remisos*,
con nueve fábulas de Carlos Monsiváis,
Arvil Gráfica, México, noviembre de 1981.

X a XII
Grabados de la misma serie, no incluidos en la edición citada.

XIII a XV
Gouaches sobre pruebas de los grabados originales.

❖

Láminas X a XIV: colección Carlos Monsiváis.
Lámina XV: colección Ramón López Quiroga.

Fotografías de Rafael Doniz,
excepto: XII de Pedro Hiriart y XV de Carlos Alcázar.
Todas las láminas se reproducen a su tamaño original.

Índice

.

Va mi alma en prendas

+ 120 +

Ya no quiere el Redentor del Mundo que se hagan milagros

+ 126 +

Somos tu obra, Niño, nunca lo olvides

+ 130 +

Procedencia de las láminas de Francisco Toledo

+ 135 +

Fotocomposición:
Alba Rojo
Impresión:
Xpert Press, S. A. de C. V.
Oaxaca 1, 10700 México, D. F.
Impresión de portada e ilustraciones:
Grupo Fogra
Tamaulipas 145, 06140 México, D. F.
25-XI-1996
Edición de 4 000 ejemplares.